社区社会工作与社区治理研究

朱 婧 ◎ 著

北京工业大学出版社

图书在版编目（CIP）数据

社区社会工作与社区治理研究 / 朱婧著. — 北京：北京工业大学出版社，2022.12
ISBN 978-7-5639-8483-1

Ⅰ. ①社… Ⅱ. ①朱… Ⅲ. ①社区－社会工作－研究－中国②社区管理－研究－中国 Ⅳ. ①D669.3

中国版本图书馆CIP数据核字（2022）第181903号

社区社会工作与社区治理研究
SHEQU SHEHUI GONGZUO YU SHEQU ZHILI YANJIU

著　　者：朱　婧
责任编辑：张　贤
封面设计：知更壹点
出版发行：北京工业大学出版社
　　　　　（北京市朝阳区平乐园100号　邮编：100124）
　　　　　010-67391722（传真）　bgdcbs@sina.com
经销单位：全国各地新华书店
承印单位：三河市腾飞印务有限公司
开　　本：710毫米×1000毫米　1/16
印　　张：12.5
字　　数：250千字
版　　次：2023年4月第1版
印　　次：2023年4月第1次印刷
标准书号：ISBN 978-7-5639-8483-1
定　　价：72.00元

版权所有　翻印必究

（如发现印装质量问题，请寄本社发行部调换 010-67391106）

作者简介

朱婧，福建江夏学院讲师，社会学硕士。研究方向：城乡社会学、社区社会工作。目前已在 SCI 来源期刊等各类期刊公开发表论文 15 篇，先后参与国家级和省部级课题 8 项、主持厅级和校级科研创新课题 2 项。

前　言

社区治理的过程实质上就是一个服务社区居民、协调社区利益、为社区提供多元服务的过程。这与社会工作助人自助、服务社会的专业理念不谋而合。社区是微观小社会，是各种政策的落实点、各种利益的交汇点、各种矛盾的集聚点，也是创新社会治理的基础平台和重要突破口。社区社会工作不仅有利于促进社区的健康、和谐、有序发展，而且有利于推进社区治理的创新。

全书共八章。第一章为绪论，主要阐述了社区的概念变迁、社区的特征与分类、社区社会工作与社会发展等内容；第二章为社区社会工作的基本理论，主要阐述了社区社会工作的发展历程、社区社会工作的内涵界定、社区社会工作的基本目标、社区社会工作的理论基础等内容；第三章为社区社会工作的介入模式，主要阐述了社区发展模式、社区策划模式、社区行动模式等内容；第四章为社区不同群体的社会工作，主要阐述了社区青少年社会工作、社区老年人社会工作、社区妇女社会工作、社区流动人口社会工作等内容；第五章为城市社区的社会工作，主要阐述了城市社区与城市社区社会工作、城市社区社会工作的主要内容等；第六章为农村社区的社会工作，主要阐述了农村社区与农村社区社会工作和农村社区社会工作的主要内容等；第七章为社区治理中的社会工作方法，主要阐述了个案工作方法、小组工作方法、社区工作方法等；第八章为社会工作参与社区治理的路径，主要阐述了社会工作参与社区治理的困境、社会工作参与社区治理的策略、社区治理的创新发展——智慧社区等。

在本书撰写的过程中，著者借鉴了国内外很多相关的研究成果以及著作、期刊、论文等，在此对相关学者、专家表示诚挚的感谢。

由于著者水平有限，书中有一些内容还有待进一步深入研究和论证，在此恳切地希望各位同行专家和读者朋友予以斧正。

目　录

第一章　绪论 ································· 1
第一节　社区的概念变迁 ························· 1
第二节　社区的特征与分类 ························ 4
第三节　社区社会工作与社会发展 ···················· 9

第二章　社区社会工作的基本理论 ···················· 12
第一节　社区社会工作的发展历程 ··················· 12
第二节　社区社会工作的内涵界定 ··················· 17
第三节　社区社会工作的基本目标 ··················· 18
第四节　社区社会工作的理论基础 ··················· 21

第三章　社区社会工作的介入模式 ···················· 38
第一节　社区发展模式 ·························· 38
第二节　社区策划模式 ·························· 45
第三节　社区行动模式 ·························· 49

第四章　社区不同群体的社会工作 ···················· 55
第一节　社区青少年社会工作 ······················ 55
第二节　社区老年人社会工作 ······················ 60
第三节　社区妇女社会工作 ······················· 66
第四节　社区流动人口社会工作 ····················· 69

第五章 城市社区的社会工作 ································ 76
第一节 城市社区与城市社区社会工作 ··················· 76
第二节 城市社区社会工作的主要内容 ··················· 84

第六章 农村社区的社会工作 ································ 105
第一节 农村社区与农村社区社会工作 ··················· 105
第二节 农村社区社会工作的主要内容 ··················· 114

第七章 社区治理中的社会工作方法 ·························· 129
第一节 个案工作方法 ································· 129
第二节 小组工作方法 ································· 145
第三节 社区工作方法 ································· 150

第八章 社会工作参与社区治理的路径 ························ 155
第一节 社会工作参与社区治理的困境 ··················· 155
第二节 社会工作参与社区治理的策略 ··················· 158
第三节 社区治理的创新发展——智慧社区 ··············· 165

参考文献 ··· 190

第一章 绪论

社区是社会有机体的基本单位,社区作为大众生产、生活及居住的重要场所,也是人民精神生活以及共同体意识树立的重要场域,社区会随着文化与历史的不同、社会的变迁等进行多方面的转变和发展。本章分为社区的概念变迁、社区的特征与分类、社区社会工作与社会发展三个部分。主要包括社区概念初探和深化认识,社区的特征,社区的分类等内容。

第一节 社区的概念变迁

一、社区概念初探

"社区"一词源于拉丁语,原意是亲密的关系和共同的东西[1]。其出现最早可溯源至德国社会学家斐迪南·滕尼斯的《共同体与社会:纯粹社会学的基本概念》一书,他在书中对社区和社会的概念进行了区别,强调社区具有"礼俗社会"与"情感共同体"的特征[2]。滕尼斯认为"社区"是一种基于血缘关系或自然情感的社会有机体,成员对本社区有着强烈的认同感,他们彼此之间重传统、重感情,并相互了解。

20世纪上半叶,最早给社区下定义的是美国社会学家罗伯特·帕克,他认为社区是具有一定地域限制的人群的汇集,同时也是组织制度的汇集。此后,西

---

[1] 年小瑞. 浅谈中国社区口译职业化发展前景 [J]. 海外英语, 2012 (5): 151-152.
[2] 赵卫华, 周芮. 社区失落还是社区解放: 传统老旧社区邻里关系变迁研究: 以北京大栅栏街道为例 [J]. 开发研究, 2016 (4): 163-171.

方不同研究领域（类型学、生态学和结构功能主义等）的学者基于研究需求给出了社区的多种定义。

①类型学研究下，按照某种类型对社区做出划分，通过社区构成要素之间的对比对社区的概念进行深入考察。

②生态学研究下，突出自然环境对社区结构和演化的影响。

③结构功能主义研究下，社区被看作一种包含众多要素、具有多重要素的系统。

总体来看，西方学者普遍将社区作为人类生态学调查的基本单位，使用社区这一概念时更多强调的是社会共同体[①]。从国外的研究中发现，社区以地理为基础，以宗教、组织、心理等为纽带，具有西方独特的历史性特征。我国也有源远流长的社区文化，但与西方的发展历程不同，需要做出区别分析。

到了20世纪30年代，我国社会学家费孝通先生将"社区"一词引入中国，此后许多学者开始引用并逐渐流传下来。"社"指其社会联合体属性，"区"则表示一定地域空间单元属性，强调其社会与空间的双重属性。

二、社区概念的深化认识

我国的社区强调地缘与血缘相结合。如今，社区已经有了更加丰富的内涵，因此，社区的发展更要立足本土化的特色，基于现实特点和实践，与西方社区工作的范式应有不同。另外，我国的社区还有其独特的内涵，现代"社区"一词已经不局限于传统的定义。因此，在看待社区建设的问题上更应该注重这种由现代化带来的系统影响。当社区开始逐渐发展，社区内的居民组织也开始逐渐发挥越来越重要的作用，社区居委会就是最明显、最重要的力量之一。

《民政部关于在全国推进城市社区建设的意见》将社区定义为"聚居在一定地域范围内的人们所组成的社会生活共同体"，又指出"目前城市社区的范围，一般是指经过社区体制改革后作了规模调整的居民委员会辖区"。在学术研究体系中，国内学者普遍认为，社区是有空间边界（居委会辖区）的以地缘关系或居住关系为纽带的社会生活共同体，强调其地域属性、行政属性[②]。在实际生活中，

[①] 赵岩，孙涛. 国外社区治理研究知识图谱评述：基于近十年Web of Science [J]. 上海行政学院学报，2016，17（4）：92-102.

[②] 赵岩，孙涛. 国外社区治理研究知识图谱评述：基于近十年Web of Science [J]. 上海行政学院学报，2016，17（4）：92-102.

人们普遍接触的城市社区概念为居委会辖区概念。郑杭生认为社区成员生活在共同区域内，通常有着共同利益，面临相同或相似的问题，时间会使人们之间逐渐产生共性。夏建中认为社区是活动开展的一个场域，人们会通过活动开展而加强交流与互动，并在这个过程中逐渐形成人们共同认同的文化，所形成的共同文化是维系人们联系的因素，而社区就是为这一过程所提供的场域。

因此，社区是指由一定数量的居民组成的、具有内在互动关系和文化维系力的地域性的生活共同体。任何一个地方只要具备地域、人口、组织和文化这四个条件，此地就能成为一个相对独立的社区，因为这四个条件就是构成社区的基本要素，是社区得以形成的必要条件。由于研究的角度不同，许多社会学家及学者对"社区"的认识和理解不同，所以对"社区"一词的定义也各不相同，但对其组成要素的认识是基本一致的，一般都包含以下特征：占有一定的地域，有一定的人群，有某些共同的意识和利益，有一定的互动关系。

最初，"社区"的概念强调以物理空间的界限划分，将"社区"定义为"具有一定地域性边界的人类生活共同体"。而随着技术的发展，地理空间的限制被打破，线上关系可以发展成为新型人际关系，个体可以通过线上社群表现灵活多样的自我，经由传播行为构建形成了"虚拟社区"。"虚拟社区"这一概念由美国学者霍华德·瑞恩高德在其著作《虚拟社区：电子疆域的家园》中首次提出，他认为虚拟社区是足够数量的个体在虚拟空间中以充沛的情感进行公共讨论形成关系网络时构建而成的社会聚合体。

虚拟社区并不是一种物理空间意义上的组织形态，而是经由顺应网络逻辑而被网络化形成的组织样态、结构、流程甚至功能，是跨越地理空间界限、不受人数限制、组织灵活、具有多样化活动的线上组织，通过同线下扩张类似的形式，却在实质上对现实社会的组织样态、机制产生影响和改变。同时，虚拟社区中聚集着拥有共同特质、兴趣爱好或相似的态度观念等的个体，致使个体在其中获得归属感，满足了个体性表达需要的同时实现了在共同体中的情感共鸣，具有一定的流动性。而即使虚拟社区中的成员彼此之间并不相识，依然会对其所参与的虚拟社区产生认同，且对社区的认同感与分享意愿呈正相关。此外，社交线索的稀缺会让用户更易进行高风险的自我披露，进而获得更多的社会支持，萌发出一种"彼此为一体"的意识，从而提升用户参与社区交流活动的积极性。

第二节　社区的特征与分类

一、社区的特征

（一）区域性

社区的区域性特征与社区的地域要素是密切关联的，具体表现为社区可划定在一定的地域范围内并以相应的地理位置与环境资源为依托。既然社区是以一定的地域为基础的人类生活共同体，因而社区内的生产、生活、服务等各项活动往往就限制在一定的区域范围内部开展，社区服务以居住于本社区的居民为优先对象。

社区的区域性特征使社区工作、社区发展与社区治理有了具体的标准与依托，凸显了社会发展的多样性与层次性。

（二）共生性

一个社区是一个相对独立完整的生活共同体，因为社区内各种社会组织、各个机关团体、各类社会群体互相联系、互相影响、互相制约在同一区域的社会交往当中，从而形成相互依赖的共生性。

在一个城市社区中，不管任何一个组织的性质如何，不管任何一个个体的状况怎样，在社区内必然会遇到共同的问题，形成有机联系。如社区的服务系统、交通系统、居住系统、文化娱乐系统、能源供给系统等，这是任何单位和个人都会涉及的。

在一个农村社区中，集镇的建设和发展、乡镇企业等非农产业的崛起、乡村公共设施的建设和完善，都与社区成员有着密切的关系。社区是社区成员生活的共同体，也是区域发展的共同体。

（三）聚集性

流动社区是游牧活动聚集的产物，半永久的社区是原始农业活动聚集的产物，从现代社会发展来看，人口的聚集、生产的集中是一个趋势。因为随着社会经济活动的发展，必然伴随人口的聚居、住宅的集中、组织的合作、服务的整合、设施的统一，即人力、物力、财力、权力等方面的集中，信息、资源、服务、设施等多方面的汇聚。而社区则成为各类资源聚集的载体，这便为社会工作和社区发展提供了实践依托与实践基础。

（四）多样性

社区各有特点，由于社区的历史渊源、外部环境与内在条件不同，其具体的社区发展与社区建设的内容和侧重点也各不相同，从而形成了社区现状与发展的多样性特征。

在城市中，我们基本找不到两个完全相同的社区，在农村，各村社之间也各有差异。不同社区的外在风貌、功能性质、人口构成、地理环境、社区组织、贫富程度、发展模式、设施分布、福利供给、服务人员、习俗规范等均各有不同，这是矛盾特殊性的体现。

二、社区的分类

对社区类型进行划分有利于了解不同社区的特点，是社区治理的关键一环。社区划分可以按照社区结构及特点分类，可以按照社区功能分类，可以按照社区应对突发公共事件的管理水平分类，也可以按照社区规模分类，还可以按照社区形成方式等分类。

（一）按照社区结构及特点分类

按照社区结构及特点可将社区分为农村社区和城市社区，这主要是按照生产方式及生活方式的差异做出的分类。无论是在传统的农业社会，还是在近现代的工业社会，这两类社区都普遍存在于各国和各民族之中。即便社会现代化程度越来越高，但作为人类社会的基本生存、生活和生产区域，农村社区和城市社区将是永远存在的。

农村社区即由居住在农村的一定数量的人口所组成的相对完整的区域社会共同体。程继隆认为农村社区是以各种农业生产和其他活动为基本特征，由同质性劳动活动人口组成的，社会关系比较简单，人口相对稀疏的区域社会。农村社区按照历史发展阶段可分为原始农村社区、传统农村社区和现代农村社区。原始农村社区是农村居民在一定地理区域内实施农业生产经济活动的社会共同体，讲究血缘、地缘关系，设施、组织制度完善，社会关系较封闭。传统农村社区是由若干行政村统一规划合并在一起或者是由一个行政村建设而形成的新型社区。现代农村社区中，城乡差距缩小，具备让农村居民享受到跟城市居民一样服务和生活的社会生活形态。

城市社区的概念有广义和狭义之分，广义的城市社区指：在一定区域内，由从事非农业劳动的大规模人口组成的、社会结构较为复杂的社会生活共同体。狭义的城市社区指：经过社区体制改革后做出规模调整的居民委员会辖区。城市社区具有地域、人口、组织和文化四个特征。地域特征表现为中心区域范围较小，建筑大多为高层建筑，人们工作与居住的场所分离开来。人口特征表现为人口多且密度大，人口增长以机械增长为主，人口同质性低、异质性高、流动性大，人口质量普遍高于农村和集镇人口。组织特征表现为以地缘和利益为基础，组织的数量较多、类型丰富、功能专业、结构严密。文化特征表现为城市文化多元、开放，并且具有理性化和社区特色。

随着经济全球化以及我国城市化的推进，我国的社区形态正在逐步升级到更高级的形态——国际化社区。近年来，对于国际化社区的概念，目前在学术界并未得到统一，通常以"国际性"的角度衡量社区的国际化程度。高天将国际性总结为三个方面：社区人口国际化，即国际化社区内有一定数量的外籍人士居住其中，一般的比例标准为20%，社区的文化背景呈现多元特征；社区基础建设国际化，即在社区基础设施方面要配套国际一流的公共设施、物业管理、教育资源等，还要体现中西方文化及居住文化的融合；社区理念国际化，强调国际化社区的管理制度与服务体系要接轨国际水准，社区服务要更人性化。

（二）按照社区功能分类

按照社区功能划分，社区可分为工业社区、农业社区、商业社区、文化社区、旅游社区等。在现代社会，由于市场经济和商品交换的发达，分工进一步细化，具有自身功能特征的社区越来越普遍，已成为现代社区的一个特色。

（三）按照社区应对突发公共事件的管理水平分类

国务院颁布的《国家突发公共事件总体应急预案》中明确表示突发公共事件为一般在社会发展进程中，毫无预兆地突然发生，并造成或可能造成重大的人员伤亡、财产损失、自然生态环境污染或严重的社会危害，极大地扰乱了正常的社会秩序，危害国家、社会的安全等紧急危险事件。并且在国务院颁发的文件中，我们可以明确看到，国家将突发公共事件按照事件发生的性质划分为四大类，分别是自然灾害、事故灾难、公共卫生事件、社会安全事件，并根据以上四类发生情况的不同制定了相应的紧急处理措施和紧急处置方案。根据事情发生的危害程度、影响程度、是否可控等情况，将突发公共事件划分为四个等级，分别是特别重大级、重大级、较大级和一般级。总之，突发公共事件就是毫无征兆发生的对国家、居民造成重大影响，对社会造成严重危害，人类可控性较低的突发事件。

社区是基层应对突发公共事件的关键载体，其脆弱性的高低直接影响社区整体应急管理水平的好坏。社区脆弱性的影响因素主要包括七种，其中，物理和环境属于外部影响因素，而经济、人口、社区资本、社会、管理则属于内部影响因素。依据内、外部脆弱性的高低可将社区划分为脆性社区、韧性社区、刚性社区和柔性社区四大类。

①脆性社区是指外部脆弱性高、内部脆弱性高的社区。脆性社区外部抗冲击能力弱。面对突发公共事件冲击时，由于基础设施建设不完善、应急物资储备不足、空间规划不合理等原因，无法为社区居民搭建起应急保护屏障，导致社区外部脆弱性不断暴露。这类社区内部不稳定。从社会层面上讲，各类组织之间无法形成一个良性的联动机制对社区进行有效的社会支持；从经济层面上讲，社区居民的经济活力不高；从管理层面上讲，没有行之有效的应急管理预案，对于突发公共事件的应急宣传教育不到位；从居民层面上讲，部分居民缺乏防灾意识，对社区认同感不高，参与突发公共事件治理的积极性较低，这些因素都会导致脆性社区内部脆弱性增强。各类"三不管"老旧小区是脆性社区的典型体现。

②韧性社区是指外部脆弱性低、内部脆弱性低的社区。韧性社区是以社区共同行动为基础，能连接内外资源、有效抵御灾害与风险，并从有害影响中恢复，保持可持续发展的能动社区。韧性社区外部抗冲击能力强。由于其自身具有一定的"抗逆力"，凭借社区的外部韧性能够抵御外部环境给社区基础设施带来的冲击，减少物理因素、环境因素对社区外部脆弱性的影响，克服和降低突发公共事件所带来的风险和损失。这类社区内部稳定。韧性社区具备强大的可恢复能力，这是指社区面对突发公共事件的冲击时，具有较快的恢复速度。韧性社区能够将经济因素、人口因素、社区资本因素、社会因素、管理因素整合，减少其对社区内部脆弱性的影响，使社区在应对突发公共事件的变化中逐步提高自身的韧性，以应对内部脆弱性，推动社区内部系统的良性循环。

③刚性社区是指外部脆弱性低、内部脆弱性高的社区。刚性社区外部抗冲击能力强。这类社区基础设施完备，空间结构规划合理，面对外部冲击的干扰时，可以为居民提供充足的基础保障。这类社区内部可恢复能力较弱。这类社区因为人口众多，流动性大，居民情感疏离，一旦突发公共事件，容易超出社区日常管理负荷，社区内部资源不能得到有效整合，无法实现弹性管理，恢复能力较差。

④柔性社区是指外部脆弱性高、内部脆弱性低的社区。柔性社区外部抗冲击能力弱。遇到诸如地震、传染病等突发公共事件时，社区的硬件设施相对老化，缺乏充足的应急避难场所，物资储备不足。这类社区内部可恢复能力强。这类社区内部的各类主体能够协调配合，凭借以往的工作经验有效激发社区的内生动力，增强居民的防灾减灾意识，提高居民参与突发公共事件治理的积极性，从而降低社区管理的经济成本，将突发公共事件带来的风险降低。

（四）按照社区规模分类

按社区规模划分，社区可分为巨型社区、大型社区、中型社区、小型社区和微型社区等。所谓规模的大小指的是人口数量的多少、地域面积的大小等。按照规模来划分社区具有明显的相对性特征，其分类标准没有严格的规定，且带有显著的国别的差异。一般情况下，我们把数百万人的大城市称为巨型社区；把几十万到上百万人的城市以及相当于这一规模的市辖区看作大型社区；把拥有几万人口的居民区、小城镇、集镇区看成小型社区；我们通常所说的街道、居委会的社区实际上就是微型社区。

（五）按照社区形成方式分类

按形成方式划分，社区可分为自然社区、法定社区和专能社区。

自然社区是指人们在长期的共同生活中逐渐形成的聚落，常常以河流、湖泊、空地、山林等作为自然的社区边界。

法定社区是指出于生活管理的需要而设置的社区，即通常讲的地方行政区。法定社区的边界主要是出于行政管理的需要，并可以明确地标示在地图上加以法律形式的规定。但在很多情况下，它又是以自然社区为基础的。目前我国的城市社区就是法定社区。

专能社区是指人们从事某些专门活动而形成于一定地域空间上的聚集区，如一所大学、一座军营和一个矿区。

第三节　社区社会工作与社会发展

　　20世纪七八十年代，强调以人为本的社会发展逐渐取代了以往的经济发展，成为一种新型的社会发展策略，此时的社会发展提出社会发展与经济发展之间相互协调的要求，追求在社会发展中实现促进经济的发展，因此社会发展与经济发展之间可以是相辅相成的关系，稳定的社会发展可以为经济发展提供持续的动力。社会发展是指包括社会工作服务在内的能够带动社会改变和社会进步的所有社会活动，它是一种非常广泛的跨专业的并且与社会的经济发展项目密切关联的活动。

　　社会发展真正成为一种社会工作的观察视角始于20世纪八九十年代。在多元福利主义的倡导下以及国际化运动的影响下，社会发展注重社区为本的社会工作实践，强调从社会发展的角度来理解个人的成长，尝试将个人的成长与社会的改变结合起来，形成一种能够将微观社会工作服务与宏观社会工作联结成一体的视角。梅志利认为社会发展视角假设人首先作为一种社会的存在，需要放在社会生活的场景中从社会的角度来理解个人的成长要求，而不能站在个人的立场上从心理层面分析个人的成长需要，这样参与就成为联结个人成长和社会改变的重要方式。在社区发展和社会发展概念推广之初，主要采取的是一种自上而下的策略，把它视为国家和政府的责任，但是随着实践经验的积累，人们逐渐意识到，社区发展和社会发展依赖于普通居民的参与，是一种自下而上的草根式参与策略，目的是提高居民自身管理生活的能力。

　　党的十九大报告指出，加强和创新社区社会工作，需要居民的协同参与，社区社会工作是政府治理、社会调节和居民自治良性互动发展的重要举措。社区社会工作在社会发展的前提下进一步提出，要充分体现出党和国家关于社区社会工作与社会发展的决心，将重心下移到城乡社区，推动社区建设和社区发展。社区社会工作需要社区参与，根本的核心在于居民的力量。促进居民自治的良好互动，切实做好居民工作，是基层政府的首要职责。中共中央制定了"十四五"规划和2035年远景目标，重视社会治理体系的完善，特别是城乡的社区治理服务体系建设，推动建设社区人人参与、人人尽责、共同享有的社会治理体系，实现政府、社会和社区居民之间的良性互动，从而促进社会发展。

和谐、有序的社区社会工作与社会发展，需要居民、社区和社会发展的同步推进。这也是政府治理的表现，可以看出近年来国家不断在创新社会治理的战略方向和举措，积极参与推动形成更加和谐有序的社会，社区社会工作关乎社区治理体系的完善，关系到和谐社区的建设。我们积极倡导社区社会工作，居民协同参与治理社区，管理社区，共同参与社区各项事务，形成社区居民积极参与社区事务的社区社会工作取向。由于居民需求的日益增多及多样化发展，需要倡导多元主体的服务参与，仅仅依靠政府的力量难以满足居民日益多样化的需求，在服务型政府的建设过程中，更多强调的是以政府为主导，多元主体共同参与。社区作为社区服务的载体，不仅承担着政府的政策执行工作，而且要维护和保障社区居民的切身利益，要做到两者的协调，推动社区社会工作和社会发展。换言之，社区建设和社区发展是国家战略，中央工作会议也多次提及社区建设和社区发展，强调激发居民的社区参与能力，推进和谐社区建设。推进社区社会工作，社区成员参与是关键，通过动员社区居民，开拓和挖掘社区资源，组织社区成员自发参与到社区发展规划中，在建设美好家园、改善社区环境的同时，实现高品质生活，推动社会发展。

伴随着社会的不断发展，社区社会工作不断受到重视。经济发展水平不断提高，社区居民的需求就不断增加。当前，如何满足居民多样化的需求，对于政府而言是一个不小的挑战。由于政府资源有限，居民数量庞大，导致供需结构严重失衡，为了解决这个难题，政府提出了服务型政府的理念，通过引入多个主体共同参与，促使该难题能够有效地解决。作为社区社会工作发展的重点，社区的建设自然离不开居民的响应和积极参与。因此，在推动社区社会工作的进程中，居民担当了重要的关键角色，对内是社区社会工作的享受者和推动者，对外是社区社会工作水平的代言人，是国家战略发展的积极推动力。推动社区居民主动参与社区事务，需要从思想上进行引导，只有观念上重视起来，行动上才能够有所改变。让社区居民当家作主，成为社区社会工作的主体，积极地调动居民的主观能动性，使得居民主动自发参与其中。同时，对内协调社区资源，对外积极为居民牵线搭桥，致力于社区内外资源的链接，打造优质的社区生活环境，促进资源的获取和享受，形成社区社会工作和社会发展的良好氛围。

随着经济体制的改革，社区社会工作日益复杂化和多元化，社区间的同质性也呈现不断削弱的迹象，社区社会工作也需要居民的共同努力，实现居民参与社区工作活力的发挥，推动社区环境改变，打造宜居、宜享的友好型社区环境，通过环境的改变推动形成相应的社区规范和管理制度。综合分析，要实现社区社会工作的良好运行，建设思路就应当有所改变，改变传统的行政管理思路，拓宽社区居民与政府之间的沟通渠道，让民声能被发现、被注意、被重视。通过不断提高居民的自主参与意识，促进居民对社区事务的关心，改变传统的弱参与和冷参与的现状，拓宽居民自下而上的参与渠道，改变居民参与社区事务的模式，变被动为主动。讨论社区事务，从旁观者变为参与者，化被动为主动，共同谋划社区建设和社区治理蓝图，从而促进社区社会工作与社会发展。

第二章 社区社会工作的基本理论

社区社会工作以社会工作价值与伦理为基础，为社区提供专业的社会工作服务，社区社会工作者作为社区工作的主力军在社区服务中扮演着重要的角色，在提供专业的社区服务和促进社区良性发展方面具有重要的作用。本章分为社区社会工作的发展历程、社区社会工作的内涵界定、社区社会工作的基本目标、社区社会工作的理论基础四个部分。主要包括我国古代的社会救助制度，我国近现代社区社会工作的发展，社区社会工作的总体目标和具体目标，社区社会工作的社会系统理论、社会支持理论等内容。

第一节 社区社会工作的发展历程

一、我国古代的社会救助制度

社会工作是减少社会不平等现象和促进社会有序发展的重要力量，社会工作起源于社会救济和救助，我国的救助思想和制度是古已有之的。社会救助历史发展久远，传统社会救助存在如救助内容的物质性、救助主体的单一性等特点，是社会发展进步的重要一环，是我国社区社会工作的历史尝试。

从历史发展来看，中国是世界上最早通过国家行政机构介入社会救助领域的国家之一，当时的一些社会救助概念现今仍然被认为是进步的、有价值的、可参考的，如扶困济贫、慈幼爱老、救孤助残等。中国古代历朝历代主要采取灾害救助、贫困救助、慈善救助这几类救助方式，其中灾害救助的形式主要是财政救助、降价、减税和加大对农民的支持，这些救济措施可以有效地减轻自然灾害造成的损失，在一定程度上安抚人们的紧张情绪和受挫心理。

（一）九惠之教

《管子》在社会救助方面提出了"九惠之教"，这是《管子》慈善思想最集中的体现。为了扶助国家弱势群体,《管子》颁布了九项惠民政策与政令,让人们看到了当时国家富足团结、安怀老少、扶弱助贫的和谐景象。这九种惠民政策,主要涵盖了对于老人、幼儿、孤儿、患病者、鳏寡孤独者以及生活贫困者的救助,从中不难看出《管子》的救助群体涉及范围很广,并且《管子》针对每一个群体都制定了不同的救助政策,从而实现了因人而异和因势利导。

"九惠之教"的具体内容:"一曰老老,二曰慈幼,三曰恤孤,四曰养疾,五曰合独,六曰问疾,七曰通穷,八曰赈困,九曰接绝。"管子在刚进入国家四十天时,就主张施惠于民,将九种针对不同群体的惠民利民举措广泛实施开来。

老老是指,在国家设置专门管理敬老事务的官职,并规定对于年过七十的老人,可以有一个孩子免去征役照料老人,每年政府都应给予其三个月的粮食和肉作为补助;对于八十岁以上的老人,必须有两个孩子免去征役,官府会按月给予"馈肉"以满足其需求;对于九十岁以上的老人,其孩子全部免除征役,每日都会给予酒和肉。君主不仅要劝告其子弟细作饮食,偿其大欲,老人逝世,君主还要提供棺椁。

慈幼是指,在国家设置专门管理扶幼事务的官职,规定因子女过多无力养育的家庭,养育三个子女就可以免去妇征,养育四个子女就能够全家免掉妇征;如有五个子女的家庭,在全部免掉妇征的基础上,国家还会派指定的人来照顾其生活,且给予充足的粮食直至幼儿长大。

恤孤是指,在国家设置专门管理孤儿事务的官职,幼儿失去双亲,无人养育,丧失独自生活的能力,就送回家乡的旧故或熟人家抚养。国家规定若家中接收了一个孤儿就能够免掉一人的赋税徭役,接收了两个孤儿两人免掉赋税徭役;若接收了三个孤儿到家中养育则全家都免掉赋税徭役,国家负责管理孤儿事务的人员要履行好职责,经常到家中走访,通过国家和各个家庭的共同努力来抚养孤儿健康长大。

养疾是指,国家要有针对残疾百姓的机构,那些盲、哑、聋等身体有缺陷的百姓长期生活不能自理,无人照料看管,国家就会长期提供食物,这些人可以一直在"疾馆"得到食物。

合独是指,国家要有充当"媒人"的官员。失去妻子的为鳏,失去丈夫的为寡,让鳏与寡成家,国家给予经济上的扶助,分配给他们田地,三年之内不用给国家提供职役。让鳏寡者能够老有所依,互相陪伴,度过人生的后半段时光。

问疾是指,国家要设置专门的官职负责给百姓看病。对于百姓中有疾病的人,掌病根据国家的指示进行慰问。如果病人年过九十,掌病每天都要看望病人一次；如果病人年过八十，则掌病两天看望一次病人；如果病人年龄超过七十岁，掌病可每隔三天探望一次；对于其他的病人，掌病五天前去看望一次。而遇到病重者，掌病向君主汇报，然后君主须亲自前去看望病人。掌病的官员在巡视时，要专职看望病人。

通穷是指，国家设置专门治理贫困的官职。通穷的官员的职责是向君主汇报其管辖范围内的贫困情况，包括是否存在贫民没有居住的地方、穷苦百姓缺少粮食等现象。据实汇报的，则君主会给予赏赐；如果有瞒报和不汇报的，则给予处罚。

赈困是指，凶年来临时，百姓经常生病，死丧也随之增多，国家要减免刑罚，并将国库的粮食分发到各家各户，保障其基本生活。

接绝是指，百姓中有因国家事务而去世的、死于战争的，会让他们的亲人、朋友到国家领取一笔钱，用来祭奠他们。

以上是"九惠之教"的具体内容，包含了对社会中老幼、恤孤、鳏寡等几乎所有弱势群体的救济措施，并详细提出了这些慈善之举的实施方式。总的来说，《管子》以为，这些慈善措施的推行可以帮助减少老幼孤独、恃强凌弱等现象的发生。管仲进一步弘扬了齐国"尚仁树德"的国家慈善思想，使礼俗思想真正深入百姓心中。

（二）保息六政

据《周礼》记载，大司徒"以保息六养万民：一曰慈幼，二曰养老，三曰振穷，四曰恤贫，五曰宽疾，六曰安富"。实际上就是指儿童福利、赡养老人、社会救助、医疗保健、社会安全等，可以说基本上涵盖了现代社会工作的主要内容。周代还以本俗六安万民：一曰媺宫室，二曰族坟墓，三曰联兄弟，四曰联师儒，五曰联朋友，六曰同衣服。也就是说，住宅建设和精神伦理建设要并重。福利的真义应该是物质与精神兼有，整体与个体兼顾，政府与民众并举。为使民众能够生得其所、活得愉快、死得安全，不仅要慈幼、养老，而且要赈穷、恤贫、宽疾、安富来配合，此外还需要本俗来呼应。

（三）社仓乡约

在我国古代，各地基本上都会修建常平仓，通过常平仓可以储存粮食并且可以根据实际情况对粮食价格进行合理的调整，常平仓可以让人们荒年有粮食吃。义仓实际上带有一定的公益性，也就是建立粮仓储存政府征粮或富户捐粮，官府会派专人负责粮仓的管理，这些粮食可以理解为救济储备粮，可以在荒年或是青黄不接时，将粮食出仓以赈济灾民。社仓则是一种类似于农贷合作组织的救济设施。通常是由人民自行组织，或是由政府督导人民办理的，社仓的粮食主要源于政府贷给或是当地群众捐集，通常在我国古代各乡都会设置社仓，以便在荒年用于应急救济。

乡约大约起始于北宋的"吕氏乡约"，乡约实际上就是居所邻近的人们制定并共同遵守的一种地区规约。该乡约由宋代蓝田吕大钧及其兄弟、邻里亲友以书面的形式约定而发起，内容分为德业相励、过失相规、礼俗相交和患难相恤四大项，后经朱熹倡导而推至全国。由于乡里民众自定规章，作为政府律令之辅助，而有人约者彼此信守，虽无民主之名，但已有民主之实。"吕氏乡约"其纲止于四条。而人生善恶功过、可法可戒之事已尽在其中，见之今日，用作社区研拟公约之依据，仍有可采之处。

从以上分析可以看出，我国从古代开始就积极思考社会救助，诞生了许多救助思想，救助范围也非常宽泛，同时还设置了合理的社会救助制度。这些救助思想与西方社会工作初期的思想有共同之处，在西方社会工作理念和实践传入中国的过程中提供了良好的文化与思想基础。

二、我国近现代社区社会工作的发展

（一）中华人民共和国成立前的社区社会工作

乡村建设运动在我国社会发展过程中是十分重要的活动。乡村建设运动是在20世纪初中国农村经济日益走向衰落的时代背景下，以乡村教育为起点，以复兴乡村社会为宗旨，由知识精英推进的一场乡村社会改造运动。在这一运动中，由不同的理论流派组织进行的"乡村建设"试验活动，对乡村社会的政治、经济和文化的发展起到了一定的促进作用。由社会学者推动的运动都力图通过改造农村社区来促进社会变迁，可以看作我国现代社区发展和社区服务事业的一个开端，并取得了一定的成绩，对专业社会工作的发展也有一定的贡献。

（二）中华人民共和国成立后的社区社会工作

中华人民共和国成立后，我国在社会发展方面面临重重困难，各种社会遗留问题造成了社会建设和发展难以顺利推进的局面。为了推动新社会的建设，中国共产党进行了大规模的社会救助、救济以及社会改造运动。

社区社会工作与社区治理研究

我国政府为了解决社会贫穷问题,明确了"生产自救、群众互助、以工代赈,并辅之以必要的救济"的总方针,积极广泛地开展各种社会救济活动。一方面进行基础设施建设,重视预防自然灾害,保证农业生产的顺利进行;另一方面采取得力措施,组织开展粮食征调、公粮减免、社会募捐、组织移民、整顿义仓等活动,特别是以民政、劳动为代表的政府部门在安置灾民、救灾救济等方面做了大量卓有成效的工作。此外,社区组织也会发挥一定的社会治理功能,其主要是以居委会、居民小组为工作单元。在政府力量发挥主要作用、社区组织提供辅助的背景下,我国当时的社会改造运动顺利高效地完成了。

一个社会的正常运行离不开政府对社会的管理,中华人民共和国成立以来,社会工作的发展和社会治理体制的不断转变相伴而生。中华人民共和国成立后,为实现经济的复苏和发展,我国很长一段时间实行的是计划经济体制。社会的性质决定了国家的社会管理方式,以户籍制度为基础,在城市实行"单位制",在农村实行"合作社"制度。有城市户口的人在城市只要有工作单位即可享受"单位人"的各项福利待遇,包括婚丧嫁娶、工作就医、子女教育等各方面的保障,过着"从摇篮到坟墓"由国家包揽一切的生活。而合作社制度下的农民几乎完全被禁锢在土地上,生活生产所需的各种资源由国家统一划分,农民劳动需要记工分,通过粮票、布票、菜票等各种票据兑换生活所需品。这样的管理方式在一定程度上促进了经济的复苏和社会的稳定,实现了国家社会管理的目标,促进了社会建设,但是长时间的城乡"二元制"导致社会的流动性很弱,城乡经济差距越来越大,社会问题和矛盾不断增多。

改革开放以来,社会主义市场经济体制促使我国社会治理的体制和方式不断完善,体制改革的不断深化使创新社会治理方式提上日程。市场化发展推动政府社会管理的理念、方式、手段等进行完善优化,党的十八届三中全会的召开标志着我国社会管理体制的转型,社会治理理念首次被提出,社会工作在创新社会治理方面发挥了不可忽视的作用,也不断进入治理体制相关的政策文件中,如"专业社会工作"已经连续多年被写进国务院的《政府工作报告》中:"支持群团组织依法参与社会治理,积极发展专业社会工作、志愿服务和慈善事业""推动社会治理创新。健全基层群众自治制度,加强城乡社区治理。充分发挥工会、共青团、妇联等群团组织作用。改革并完善社会组织管理制度,依法推进公益和慈善事业健康发展,促进专业社会工作、志愿服务发展"。由此可以看出政府对社会工作发展的重视,治理体制的转变也为社会工作介入社会治理精细化提供了坚实的制度保障和政策保障。

在"单位制"的社会治理背景下，国家对家庭以外的主要日常活动进行全方位控制，也就是全方位控制人们在工厂、办公室、党校等地方的活动，这样有利于国家最大限度地集中社会资源，国家政权可以通过这种单位制度深入社会个体的生活和工作，帮助国家更全面地控制城市社会。但是，随着单位功能的泛化，其他组织或中介机构逐渐失了存在价值和发展空间，它们无法发挥本身具有的功能。例如，对于街道办事处、居民委员会等组织而言，它们只可以将极少数没有单位的城市居民作为自身的管理对象。

从 20 世纪 80 年代开始，中国民政部开始大力推动社区工作，到如今党的二十大报告提出要"完善网格化管理、精细化服务、信息化支撑的基层治理平台，健全城乡社区治理体系"，中国的社区社会工作已经走过了 40 年的道路。从最开始的解决社会问题阶段到后来的促进社会和谐发展的阶段，社区社会工作自身也在不断地调整。

第二节　社区社会工作的内涵界定

社区社会工作简称社区工作，是专业社会工作的一种基本方法。社区社会工作是一个纷繁复杂的概念，有关社区社会工作的定义，基于不同的理论背景及侧重点，存在着不少分歧。

综合各方学者的观点和我国社区社会工作的实际情况，顾东辉将社区社会工作定义为：社区社会工作是以社区及其成员整体为对象的社会工作介入手法；它通过组织成员有计划地参与集体行动，解决社区问题、满足社区需要；在参与过程中，让成员形成社区归属感，培养自助、互助和自决的精神，加强其社区参与及影响决策的能力和意识，发挥其潜能，最终形成更公平、民主以及和谐的社会。

徐永祥认为，广义的社区社会工作是指在社区内开展的以提高社区福利、促进社区和社会协调发展的社会服务或社会管理工作。

周沛认为，社区社会工作是一种专业方法，是指社区工作者以某一特定的社区或社区内的居民为案主，通过运用各种专业介入方法与技巧，如个案工作、小组工作、老年工作、青少年工作、社会工作行政、社会工作研究等，为社区和社区内的居民、家庭提供专业的社工服务。社区工作者在社区内组织、发起集体性活动，调动社区内居民的积极性，根据居民、社区的真实需求整合多方资源，利用专业方法合理合法合规地帮助居民解决社区存在的问题，解决居民真实的困境，预防社会问题，提高居民的社会意识，加强社区凝聚力，促进社区的进步与治理能力。与此同时，不单单要关注到居民的物质层面的需求，还要关注到居民心理层面的建设，协助居民建设良好的、和谐友爱的邻里关系，营造一种和谐愉快的社区氛围，结合社区发展需求，满足社区发展需要，帮助社区内的居民实现物质、精神层面的资源平衡。

结合以上不同专家的观点，社区社会工作依托社区这个平台，由社区工作者将社区和居民作为案主，运用专业知识、技能和方法，与社区干部一起，利用社区和机构资源，调动了居民的积极性，提高了居民主动参与社区事务的能力和意识，促进了和谐社区的建设，增强了社区居民的幸福感和获得感。

不难看出，社区社会工作的本质是促进社区发展和进步。其中，发展和进步包括社区居民、社区环境和社区管理等各个部分内在及外在的发展。甚至社区社会工作为了达到促进社区发展和进步的目标，还包括部分小组工作的内核。所以，能够促进社区内部各个要素均衡发展和进步的活动，就属于社区社会工作的范畴。

第三节　社区社会工作的基本目标

所谓社区社会工作目标，也就是通过细致而具体的社区工作，解决客观存在的影响社区发展、居民生活和工作的各种社会问题，使社区与社区成员能处于某种境地或状态。

一、社区社会工作的总体目标

就总体目标而言，社区社会工作必须坚持推进社区发展、提升居民生活质量的原则。

第一，以全体社区成员为对象，着重解决影响社区居民日常生活与发展的各种社会问题。

第二，关心社区弱势群体，帮助他们尽快摆脱困境。

第三，抓好社区精神文明建设，确立社区意识，为社区居民提供良好的文化氛围，引导社区居民树立健康文明的生活方式。

第四，推进社区治理，推动社区现代化发展。

这里我们没有过分强调社区社会工作的所谓"专业性"。不能单一地把社区社会工作看成对社会弱势者的帮助工作，而要把社区社会工作和整个社区建设乃至社会发展、时代进步联系起来通盘考虑。换言之，通过社区工作者的不懈努力，社区社会工作必须从宏观上来认定和解决一些影响社区建设和社区发展的具体社会问题。

二、社区社会工作的具体目标

社区发展要通过各方面的共同努力与奋斗，包括做好社区工作。社区社会工作要通过具体实在的目标来促进社区发展。围绕改善社区居民的日常生活条件、提升社区及社区成员的社会福利、调整社会关系、增进居民相互理解和帮助、预防和解决社会问题、促进社区发展等方面开展具体的工作。

社区社会工作的具体目标是由社会的不同发展时期、社区面临的不同问题、居民遇到的不同困难等因素所决定的，它本身就是一个动态的要素。因此，所谓具体目标也只能是较为原则性的目标，不可能做到十分具体，否则，目标就可能失去其现实性。结合我国现阶段城市社区与农村社区的实际，社区社会工作的具体目标如下。

第一，应对社区居民所面临的各类社会问题，提高社区公共服务的覆盖面。在当地政府的支持和指导下，依托社区居委会、党群服务中心等服务平台，结合社区居民的"所思、所想、所盼"，积极推动基本公共服务资源下沉，根据事权配套原则，赋予相应的工作职权、划拨工作经费，合理设置就业服务、医疗卫生服务、教育服务、文体娱乐服务等公共服务的项目类别，提高社区社会工作的覆盖面。在这种情况下，就要求社区社会工作发挥其"解决和消除社会问题"的功能，为社区居民提供直接的服务。①完善就业服务。社区设立专门的就业服务窗口，提供就业咨询、技能评估、劳动力信息登记、就业推介等相关服务；优化各楼栋的专职网格员的人员数量、年龄、学历等结构，适当增加补贴，强化其责任意识和履职能力；对于有就业意愿及能力的社区居民，邀请行业主管部门和企业免费为其开展技能培训、家政业务培训、视频教育培训、经历经验分享等活动。②优化医疗服务。社区卫生服务中心要进一步完善医疗设备、合理配置医护人员，满足社区群众日常就医需求。通过定期发放宣传手册、播放宣传视频、张贴宣传专栏等形式，对健康扶贫政策进行解读，让社区居民知晓相关医疗政策内容；建立并及时更新社区居民健康档案，为医疗保健、政策普及、权益维护等服务提供活动场地。③做好社区公共安全服务。为社区居民普及宣传日常生活安全常识，开展法制安全教育；强化群众的健康意识，常态化开展疫情防控宣传工作和疫苗接种清查核实工作，保障社区群众公共卫生安全。④协助做好搬迁子女教育服务工作，党群服务中心要摸清适龄儿童就学情况，提供就学便利；对搬迁困难家庭或因病、因灾等致贫、返贫的搬迁家庭的学生进行信息识别、筛查，报请相关部门实施教育救助；对各学习阶段助学金、奖学金、助学贷款、勤工助学岗位等学生资助政策进行宣传。⑤组织开展文体活动，充分利用社区活动设施和场地，在节假日组织开展广场舞、山歌会以及家庭亲子活动等，鼓励社区居民积极参与，在放松身心的同时拉近彼此之间的距离；通过"邻里一家亲"活动，为社区群众提供谈心说事儿、矛盾纠纷调解劝说、社区综治维稳等服务，营造邻里和谐、团结互助的文明社区氛围。

第二，倾听社区居民需求表达，提升居民的生活水准。①街道领导及社区工作者要正确认识社区居民在社区服务中的主体地位以及在社区服务优化方面的重要作用；对于社区居民方方面面的服务需求，要进行及时识别、合理分类、妥善回应以及适时反馈等，有效解决社区服务供给与居民需求之间的脱节、错位等问题，进而实现社区服务由"自上而下的供方主导"逐步转变为"自下而上的需方主导"，让社区居民在社区服务决策制定、服务项目提供、服务效果评估等流程中拥有更充分的话语权。社区工作者要经常走出办公室、走向单元楼道、走进千家万户，主动了解社区居民的急难愁盼，主动倾听群众呼声，帮助社区居民打破隔离、互通共融，逐步引导社区居民以开放的态度和宽容的胸怀积极构建新的人际关系，消除邻里之间的陌生感、疏远感，逐步达成人人都是社区的建设者的身份共识，让新的生活环境不再陌生，让新社区更有"人情味"。②畅通需求表达渠道。一方面，充分利用社区党建工作联席会议制度，通过"党群议事会议""党群夜校+"等方式，邀请社区居民代表参加，听取他们对于社区服务工作的意见和建议，鼓励社区群众积极建言献策。另一方面，建立重大事项的预告和公示公开制度，对涉及群众切身利益的补助、补贴、费用减免等信息及时公开，提高群众对于党群服务中心工作的知晓度和信任度。构建和完善友好、包容的社区制度，逐步强化社区居民的"主人翁"意识，围绕涉及广大居民切身利益的社区事务，组织开展社区协商活动；同步促进他们在生活方式、思维方式、文化素质、风俗习惯等方面的转变，推动社区经济市民化、文化市民化和社会福利市民化。开展文明社区、卫生社区、优美社区等创建活动，加强对道路建设、园区绿化、交通治理、垃圾处理、河道治理等方面的整治，充分调动社区居民参与创建的主动性和积极性；以新冠肺炎疫情常态化防控、疫苗接种、"创建文明城市"、"爱国卫生专项行动"等活动为契机，让社区居民逐步建立起利益共同体意识，增加社区的组织力、凝聚力和向心力。③建立社区居民反馈渠道，通过"社区群众意见问答会"，对于群众反映的涉及管理、服务、安全等的各类问题，属于社区服务部门职责范围之内的，及时帮助解决；属于其他部门的，积极沟通协调并转交至对应部门及时办理。完善党群服务中心、社区卫生服务中心等窗口部门的投诉建议渠道，鼓励社区居民对窗口服务质量、工作人员纪律等方面进行监督。④随着社会的进步与发展，人们的生活要求已不仅仅是吃饱穿暖。提升社区成员的生活水准一方面要有厚实的物质力量作为铺垫，另一方面还要靠教育、宣传、引导。社区社会工作可以发挥其合理调配社区资源的长处，结合社区治理和精神文明建设，推动居民生活现代化的步伐。

第三，配合社区的行政部门推进社区治理，加快社区建设，包括社会、经济、文化等方面，把社区建设成文明富庶的现代化美好家园。社区治理依据的是社会治理理论，具体运用于政府、社区党组织、市场、社区居委会、居民以及非政府机构等多个行为主体，依据法律法规、市场原则和社区合约，通过多方沟通协商、合作、联动、资源整合，对某个社区范围内所有涉及居民切身利益的公共事务进行合理合法化治理，从而满足社区内居民的多样化、多层次的需求，优化社区环境，提高居民生活幸福感，调动居民参与公共事务的积极性，以增强社区的凝聚力，有利于提高基层工作人员的管理能力，维持社会秩序的和谐与稳定，进而推进社会基层治理体系建设、社区经济成长和综合治理水准的提高。

在此，我们对具体目标的设定似乎稍稍超出了传统的社区工作之范畴，要改变把社区社会工作仅仅看成单纯做具体助人工作的观点，而要从宏观上把社区社会工作与社区治理、社区建设、社区发展、社会进步、社会发展等联系起来考察和认识，只有这样才能使社区社会工作有旺盛的生命力。

第四节 社区社会工作的理论基础

一、社会系统理论

社会系统理论产生于对西方理性思潮和现代社会人文主义的反思基础之上，

主要是全方位解读西方现代化历史格局、当代命运和未来发展前景的一套一般性社会理论。可以说系统理论的"一般性"是以西方社会的"地方性"为基础建构的，但对我们认识并解读现代社会、推动我国社区社会工作现代化具有重要的参考价值。

德国社会学家尼古拉斯·卢曼是功能主义代表人物帕森斯的学生，他不仅继承了帕森斯分析社会现实、创造抽象框架的思路，而且在此基础之上开创了新的方法，即"一般系统"方法。系统理论认为，每个社会系统都包含多个小的社会系统，即子系统，而任何社会系统都包含四项基本功能：适应功能、达成目标功能、模式维持功能和整合功能。适应功能——当内部和外部环境发生变化时，系统必须做好充分的准备来灵活地适应新变化，从而减少会产生的负面影响；达成目标功能——所有社会系统都有确定其目标的任务，并调动其所有能力和资源来实现目标；模式维持功能——发展新成员，同时让他们社会化地接受特定的系统模式；整合功能——保持系统不同部分之间的协调和团结，以确保系统的规范性和对外部重大变化的适应性。

卢曼认为，每个系统都是封闭的，只有封闭的系统才能实现自我组织的适应、干预和调整，并最终向环境开放。它只有在被打开之后，才能被更新和发展。否则，系统与环境之间的依存也就无从说起。社会系统被认为是动态系统，有着复杂的元素和关系，其特点是强调选择的作用。换句话说，社会系统中的每一个行动都是在许多可能性中的选择。在宏观层面上，我们所处的社会系统及其周围环境形成了一个多层次的结构，由于系统和环境之间产生互动，在环境中做出的选择成为系统运行的一部分，同时，系统的产物也成为在环境中做出的选择。社会是由许多子系统组成的，它们相互联系，相互作用，涉及政府、社会组织和个人。各个部分之间协调、发展，实现整个系统的能力提升，这有助于整个系统的和谐发展，之后社会系统为该子系统的发展提供了一个更有利的环境。

卢曼比较重视社会系统和外部环境的关系。他认为，社会系统是基于意义沟通的"自我指涉系统"和"自我再制系统"的平衡协作，使社会系统的各子系统得以正常运转，进而促进整个社会不断自我革新、持续发展，而不仅仅是简单的"输入—输出"系统。也就是说，整个社会系统首先是封闭的，只有在封闭状态下系统才能进行自我组织、自我干涉、自我调整和自我再制，然后才能做到对环境开放；也只有对环境开放，系统才能得到更新与发展。社会系统主要从物质维度、时间维度和符号维度三个方面来降低环境所导致的复杂性，进而维持系统与环境关系的有序运作。

系统理论认为，系统是由若干相互联系并与其环境发生关系的组成部分结合而成的，是具有特定结构和功能的有机整体，具有整体性、相关性、开放性、动态性、集成性五大特性。在系统理论视角下，随着社会系统的分化和环境因素的多样化，系统的"自我观察"与"自我指涉"中存在的悖论仍是现代社会治理中所面临的基本问题。社会系统理论通过对各系统之间结构的耦合与"系统—环境"区分的论证，来反思现代社会的功能分化，试图从中找到通过对社会系统的调整和社会资源配置的优化来建构社会秩序的路径。

由此可见，社区社会治理工作并不仅限于政治系统的自我演化，依靠"输入—输出"这种单一系统而形成的社会共识去解决社会冲突的社区社会工作模式已经无法满足现代社会系统的复杂性所带来的社会新问题和社会治理精细化的需求。因此，从社会系统理论视角出发，社区社会工作精细化不仅意味着如何促进社区自我观察、自我再制，更多的是注重社区社会工作的系统内部和外部环境的协作。

根据社会系统理论，一个社会系统通过自我再生运作的同时再生其要素，并由此突显自己的主体地位，来实现和其他社会系统的区别。社会工作可被视为社会系统的子系统之一，在系统内部处于封闭状态时，社会工作可以根据自身的实际情况在内部进行自我认识、自我调整和自我运营。当其处于开放状态时，在社会治理不断精细化的背景下，社会工作在政府的支持下，不断地调整和更新，增加专业化和本土化水平，以实现有效地介入社区社会工作之中。

二、社会支持理论

关于社会支持的研究开始于20世纪60年代，是心理学界在研究生活压力对于身心健康影响时产生的，但社会支持概念作为一个专业概念是在20世纪70年代由学者科布在精神病学文献中首次提出的。他认为社会支持是那些让某人相信自己被关心、被爱、有自尊、有价值的信息，或者是让某人相信自己属于一个相互承担责任的社交网络的信息。接着，其他学者也对社会支持理论进行了深入探讨和研究。如学者库托纳和罗素对社会支持进行了支持类型的划分，将社会支持分为情感性支持、社会整合或网络支持、满足自尊的支持、物质性的支持和信息支持。

社会支持网络在20世纪80年代末成为社会工作的一项重要理论视角，当时政府把市场经济理念引入社会服务领域，因此案主的社会支持状况就被视为开展服务的重要考察内容。案主生活在由周围人形成的社会支持网络中，社会工作者如果能挖掘案主的非正式社会支持网络以及整合正式社会支持网络，就能帮助案主克服问题。把案主放在社会支持网络中考察，涉及社会支持网络的资源、社会支持关系的转换、获得社会支持的可能性、对待求助者的态度以及评估和维持社会支持关系的能力等。该理论强调让案主承担责任，通过与周围人的联结提高个人人际网络的应对能力。

社会支持的主体可以是人，也可以是群体或国家，其最主要的目的是向社会弱者（即社会支持的客体）提供物质或精神上的帮助和支持，从而提高社会弱者的生活水平。社会支持一般是指来自个人之外的各种社会支持的总和，包括正式的社会资源和非正式的社会资源：前者指的是来自政府行政部门及正式社会组织制度性、政策性、福利性的支持，如民政、妇联、工会等落实相关支持工作；后者指的是来自亲戚朋友、同事、邻里等非正式组织的支持。社会支持的对象是在社会上处于弱势地位的群体，即社会弱者，包括生理性社会弱者、自然性社会弱者及社会性社会弱者。生理性社会弱者主要指的是残疾人、老年人、幼儿等人群。自然性社会弱者主要指的是生态环境恶劣、缺少发展条件地区的贫困居民或受到自然灾害影响的灾民。社会性社会弱者指的是下岗失业人口、城市贫困人口等。他们在社会转型和社会变迁过程中都没有足够的能力去面对和处理转型和变迁后产生的问题。

该理论认为，人在生命过程中遭遇困难时，可以通过运用自身的资源和获取新的社会支持来共同应对，从而改变现状；当个人拥有的社会支持系统越强大时，个人解决困难的能力也会越强。因此，需要关注当下个人拥有的社会支持系统的支持程度是否能够使他渡过难关，而后帮助他维持或扩展个人的社会支持系统。从内容上划分，社会支持可分为工具性支持和表达性支持。工具性支持是指运用人际关系以达到某种目标，表现为有形的支持与问题解决行动。表达性支持是手段也是目的，包括情感交流、肯定自己和他人的价值等，表现为对心理、情绪、情感等多方面的支持和认可。从程度上划分，社会支持分为强关系支持和弱关系支持。强关系支持表现为双方互动频繁、情感投入程度高；弱关系支持表现为双方互动较弱、情感投入程度低。从结构上划分，社会支持分为正式支持和非正式支持。前者是指政府或社会组织为个人提供的支持，具有正式、明确、专业的服务人员和程序。后者是指由亲友、邻里、非正式组织等为个人提供的支持，其中提供支持的主体完全是自愿进行帮助和支持提供的。

社会支持理论基于对弱势群体需要的假设，其核心就是界定困难人群需要得到哪些资源才可以摆脱困境。根据支持主体的不同，研究人士把社会支持划分成四大类：第一类是政府和正式组织作为核心主导；第二类是社区作为核心主导；第三类是个人网络来进行核心主导；第四类是由专业的社会工作者来提供足够的技术支持。上述提到的四种支持类型并不是相互独立的，而是出现了一定程度的交叉，是相辅相成的。简单来说，社会支持理论的主要观点就是建立社会支持网络，通过建立社会支持网络来接触更多的人，通过与不同群体建立关系来获取更多的支持和资源，从而不断拓展自身所拥有的社会支持网络，不断提高自身应对环境挑战的能力。社会支持理论中提到的社会工作具有很重要的作用，即利用对于个人社会网络的干预可以改变他的个人生活。基于社会支持理论，社区社会工作通过开展多项活动共同为居民提供必要的帮助，鼓励社区所有居民参与，协助居民扩大自己的交际圈，结识更多的人，积极帮助他们不断拓展和构建稳固的社会支持网络，从而实现和谐社区的构建。

三、社会资本理论

资本这一概念首先来自经济学领域，是分析社会发展和经济繁荣的一个重要因素，长久以来受到了经济学界的广泛关注。随着理论研究的深入，社会学家将资本这一概念移植到社会学领域，用以分析社会现象的成因。为了与其他学科的资本研究进行区别，社会学家称之为社会资本。

20世纪80年代，法国社会学家皮埃尔·布尔迪厄从经济资本、文化资本、社会资本三者关系的讨论中出发，第一次系统性地总结了社会资本的概念。他指出：社会资本是指在一定场域之内，各种有形无形资本的总和，包括经济资本与文化资本，同时社会资本以关系网络的形式存在。它为这个场域内的成员提供互动的支持，即成员间的"信任状"。他从资本相互转化的角度分析，认为行动者社会资本的提出可以转变为其他资本的提升，强调了个体可以通过其社会关系网络可持续性地获取资源，这种社会关系网络也会制度性地约束其中个体的行为。

美国社会学家詹姆斯·科尔曼则在对布尔迪厄社会资本理论扬弃的基础上，从社会资本功能的角度出发，将社会资本理论扩展到了中观层面，并且与宏观的社会资本产生了联系。他认为"社会资本并不是简单依赖于经济资本之上的单一体，而是通过社会结构所产生的复杂社会网络，社会资本代表了行动者个人与其他组织或个体之间的关系"。科尔曼认为，社会资本存在于人际关系之中，并且可以为组织内部的个体提供行动的便利，在社会生活之中它表现为个人义务与他人对其的期待。

在布尔迪厄与科尔曼研究的基础之上，美国政治学家罗伯特·帕特南与美国

社区社会工作与社区治理研究

普林斯顿大学社会学教授波茨将社会资本理论引入了宏观层面,从社区角度对社会资本进行了分析。帕特南指出,一个依赖普遍性互惠的社会比一个没有信任的社会更有效率,因为信任成为人与人之间的润滑剂,社会资本可以推动社会集体行动,解决社会问题。波茨则指出了社会资本对于个人从社区社会网络中获取资源、达成行动的重要意义。

21世纪初期,博特、林南等美国学者针对社会资本理论进行了更深层次的研究。博特指出了社会资本网络中结构洞的存在。他们进一步通过微观、中观、宏观的理论框架去阐述了社会资本理论,在微观层面他们都认为社会资本产生于社会网络,并依赖社会网络运作发挥作用。林南则通过定量研究的方法,借用计算机手段建构起了社会资本的测量模型,他认为"社会资本是针对社会关系的一种投资,人们希望借由这种投资从社会关系中收获回报"。在宏观层面上,学术界针对社会资本的讨论基本上达成一致,学者普遍认为社会信任是社会资本的基础,在社会资本运作中,会在社会网络里形成正式或非正式的社会规范,通过这些社会规范可以使异质性个体相互合作,一致行动。

社区社会资本则是在前述的社会资本理论研究中引入了一个新的概念——社区社会网络,从社群的角度出发分析社会资本。与宏观的集体社会资本有所不同,社区社会资本指涉的是一个更小范围中的集体,这个社会网络是由具有共同特征的个体所组成,它主要由个人之间的社会连带所构成,网络中的成员要么互相熟识要么则具有间接联系,因而这样的社会网络成员联系紧密,数量有限,更容易形成信息流通,避免了信息不对称问题。

社区居民参与社区组织数量是社区社会资本的重要组成部分,帕特南指出,社区居民参与社区活动的积极性直接决定着社区社会资本的存量。国内学术界则在对国外社会资本理论研究总结的基础上提出,所谓社区社会资本就是指"社区内部个体和社区组织在长期互动中形成的在一定规范的约束下互相为利的关系网络"。

孙立平认为,社区社会资本与社区发展和社区组织培育息息相关。他提出社区社会资本包括三个概念,社区认同、社区交往与社区关系、社区组织。

胡蓉认为,社区社会资本与社区治理相关的要素主要有居民参与、社区社会信任、社区社会规范、社区社会网络等。

吴光芸、杨龙指出,社区治理的实质是信任、合作与互惠,居民参与是实现社区良好治理与促进社区社会资本生成的重要途径,而社区组织的培育则为居民参与提供平台,也是居民参与社区治理的重要保证。

综上所述，社区社会资本可以被描述成：在城乡社区内部，个体与社会组织在互动中产生的在社区正式或非正式规范约束下的社会互动关系；在这个关系网络中社区居民能够形成互惠互动并且一致遵守社区社会规范，同时这种网络关系也会促进社区社会工作，促进社区居民参与社区公共事务。

四、社会适应理论

"社会适应"一词最早由英国社会学家斯宾塞提出，意为身为社会共同体的个体成员对于生活中发生的意外事件能够在理性的范围内做出抉择。如果一个人不能够很好地适应社会，他的心理将会出现问题甚至变态。人类所有适应社会的行为都在法律允许和道德允许的范围内进行，就算一开始不能很好地适应，也会在之后的磨合中改变自身某些特质来完成统一和社会适应。

社会适应包含的基本要素主要有组成社会共同体的个体、外在的环境和情境，以及人类为了适应环境必须做出的改变。部分心理学家习惯性地把社会适应理解为对个体的改变，但许多心理学家后来慢慢提出，此种改变的过程是双向的。

研究表明，个体在同社会环境发生适应的过程中，不外乎有三种适应：一是问题迎刃而解，外在环境为自身让步发生改变；二是屈服于社会规范，自身发生改变；三是启动心理逃避机制，或者是开启防御的状态，个体会下意识地进行自我麻痹，来逃避接受这样的结果。大多数个体能成功地适应变化的情境，除非所遭遇事件带来的冲击超过了个人的适应能力所能承载的极限。如果适应良好的话，其所生活的环境即成为滋养性环境来促进自身发展；但是如果适应不良的情况影响到了自己的状态和发展，就会带来很多消极的影响。

在社区社会工作中，只有使居民在生理层面、心理层面、知识技术层面、社会文化层面都同所处社会环境达到平衡状态，与外在环境相调和，才能说居民能更好地进行社会适应。

五、社会交换理论

社会交换论学派的知名研究者有美籍著名社会科学家霍曼斯。社会交换理论的思想是在许多知名专家研究的基础上发展起来的，这个学说指出人类的交往是彼此来往和交流的过程，它是人类寻求利益的一种主要方式和方法。在社会交际过程中，人们可以在实现个人利益最大化的同时，根据社会交换理论的基本原则和市场经济的基本规律，支付一定的成本。

六、社会互动理论

社会互动理论创立于20世纪30年代,美国社会学家伯纳德是该理论的杰出代表。该学派的学者从社会互动理论的含义来分析,认为社区的特征就是人与人之间的交流和互动,也是人们之间的沟通和交流形成了社会的基本框架。国外的学者将人们之间的互动与政治、经济、文化等结合起来研究,从而形成了社会互动理论学说。

社会互动理论认为,社会的模式或制度并不是一成不变的,而是随着人与人之间互动模式的变化而发生变化的,因此只要人与人之间的互动模式发生改变,外界的环境也会发生改变。而人与人之间的互动是基于双方利益需求、情感价值进行的,要想外界环境产生相应的改变,就应该创造相应的互动,那么就应该明确双方的需求点。

当社区社会工作者将社会互动理论具体应用到案主身上时,应对社区矛盾和居民关系和需求有准确的把握,这样才能最大可能获得支持,围绕居民需求进行目标设定,提升居民自我解决问题的能力;社区社会工作应注重发掘社区骨干,利用社区骨干的影响力吸引社区居民讨论社区问题,关心社区发展,提出行动方案;在前期获得居民支持的基础上,社区社会工作者以促进者、协调者、教导者的角色,协助居民表达不满,提出自己的意见和建议,自发组织或配合社区居委会开展活动,培养良好的社区人际关系,实现居民在活动中的增能,从而实现人与环境的良好互动。

七、社会冲突理论

在社会互动理论出现后,社会学家着手对互动中产生的冲突进行深入研究,在研究中形成了社会冲突理论。美国社会学家刘易斯·科塞在其著作《社会冲突的功能》中第一次提及了社会冲突理论的根本含义。科塞指出,社会冲突主要有以下两方面作用:一方面,它对社会具有破坏性;另一方面,社会冲突也对社会的发展起到一定的刺激作用。科塞认为,社区发展中的冲突是必不可少的,是促进社区发展的重要因素,而社会冲突理论是社区治理理论的另一大理论。

八、社会治理理论

"治理"概念源于古希腊语"引领导航"一词,与社会形态的维护、重构和更新有关。1989年,在一份非洲发展报告中,世界银行首次使用了"治理"一词。

作为一种无价值的分配,治理最明显的政治含义出现在经合组织国家的政策指令中,自1990年开始被重视起来,逐渐被引入政治学、社会学、管理学等学科领域。美国国际政治理论家詹姆斯·罗西认为,治理不依赖于政府且不必获得正式授权,是一项能在无强制力量情况下发挥有效作用的管理活动;其实质是消解主次关系,重点在于构建参与者共同的价值认可,使各主体相互协商、积极参与。随着时代的发展,治理也被赋予了不同含义。俞可平认为,治理与统治的本质区别在于:治理的权威不一定是政府机构,而统治的权威必须源于政府部门;治理是一个上下互动的过程,统治的权力运行强调自上而下。当代治理过程强调参与者之间的互动和相互影响,主张将治理看作一个持续的、适应社会变迁的过程;倡导的是社会自治的参与并通过建立相应的机制刺激社会成员的参与,发展社会成员的潜力。

(一)服务型治理理论

对于服务型治理,王思斌认为,"服务型治理就是社会工作机构通过承接政府委托的社会服务任务,利用政府和社会资源,向特殊群体、困难群体、有需要的人士提供专业的服务,缓解和解决他们在基本生活方面问题的社会治理行动"。由此可发现,社区社会工作主要是通过提供专业化服务的方式解决社区居民的基本生活问题和社会问题,推动社区社会工作精细化,从而促进社会秩序的和谐稳定。

我国的社会治理在具体实践中具有治理的方法存在差异性、治理的主体逐渐多元化以及治理的内容趋于复杂化等特征,这些特征也为社会治理创新尤其是社会治理精细化提供了可能性。目前,我国的社会工作参与社会治理的方式主要是连接并整合社会多方资源、政府购买服务项目等,秉承"助人自助"的价值理念为案主提供物质和精神上的帮助,提供政府无法提供的服务,通过提供这些服务,帮助案主解决困难和基本生活问题,同时也增强了他们自己解决问题的能力,在一定程度上解决了社会问题,缓和了社会矛盾。服务型治理理论和服务型政府的理念相契合,有助于政府职能向服务型转换,同时,也可为社区社会工作介入社区精细化管理的实践提供理论支持,使社区工作者在社区工作中坚持工作理念和价值,通过直接服务或者间接服务社区工作展现社会工作专业的优势,发挥社会工作在社区社会工作中的作用和价值。

（二）协同治理理论

协同治理理论在实质上强调的是社会治理中各个主体间的协调治理关系。其主要特征包括：一是多样性。社会治理的主体除政府行政单位以外，还应当包括社会组织、公司机构、家庭、个人等不同治理主体，每个参与到治理中的主体之间的治理框架和目标也有很大区别，每个主体之间应该存在竞争和合作的关系。为了达到个人利益目标，单靠自己的个人资源是远远不够的，而一定要借助与其他主体间的协同合作。与社会治理主体多样化相对应的是社会治理权力的多样化。政府和行政机构不应该是唯一的权威治理中心，其他参与社会治理的主体都可以在适当的范围内充分发挥自己的主观能动性，不仅如此，参与社会治理的不同主体之间还要有共同的利益和目标，只有共同的根本利益捆绑，才能促使不同主体之间保持一致的行动，积极配合，充分整合社会各界的有效资源，取得良好的社会治理成效。二是协同性。一个整体社会体系本质的复杂化发展，从根本上就要求社会各个子系统间的相互协作，而唯有加强合作，方可达到整体社会体系的良性发展。也许在某一特定的信息交换流程中，部分治理主体可能起着主导作用，但这个暂时的主导作用并没有以单边秩序的形态出现，反而起到了更重要的功能，并在过程中与其他主体进行合作沟通。从实际出发，政府部门协同治理理论所提倡的是政府部门不再依赖强制力，而是强调应该与民间组织、企业团体、个人等达成协作关系，共同参与到社会治理事务中去。三是动态性。社会体系是不断变动的，各个子系统也会随着社会内外部环境的变动而做出调适。在协同治理中，各个参与者都必须应对社会环境的改变，这大大增加了参与者间协作的风险与随机性。不同主体之间的合作不能一成不变、墨守成规，只是照搬照抄过去的经验和教训是不够的，每个主体必须顺应时代的变化形势，及时、积极地调整治理的措施，保障社会治理成效的实现。四是有序性。每个不同的社会治理主体能构成一个社会治理体系，但这个体系不是处于无序状态的，无序的状态只会导致治理的效率低下，甚至导致不同主体之间的协调合作失败，进而导致治理体系的碎片化和资源的内部消耗。当然，各治理主体的有序行为并不意味着主体之间的关系完全平等。在不同的时间和空间，每个主体都有不同的资源、不同的责任、不同的能力，在一定条件下他们的位置也会发生变化。

在社会子系统功能分离的基础上，要达到国家协调治理的总体目标，就需要各方的通力合作。一是要健全国家协同治理的规章制度。国家是整个人类社会关系的有序架构，需要通过各种正式与非官方的规章制度来维护。规章制度是对国家意愿的直接反映。一方面，它是社会体系中不同要素和变量之间非线性相互作用的必然结果；另一方面，它也是社会体系要素间互动的重要规律。所以，需要建立健全协同治理的规章制度，同时又要建立对各个子系统进行协调合作的工作机制，以达到进行协同治理的体制规范化和法制化目标。二是要优化协同治理权责体系。协同治理的权责体系就是对各个子系统职责范围的具体划分，其中保障机制、奖励机制是实现协同治理效果的必要性基础。在协同治理概念中，政府管理部门除要利用各自权力进行对公共资源的重新分配，并通过共同公众共同目标效益的实现来进行整合管理资源之外，还必须给予各治理主体相应的决策治理权限，使各治理主体之间能够根据自身实际发挥更多主观能动性，做出科学的、更有利于社会治理的决策。三是要做好协同治理的资源保护。当社会体系由无序状态转化为具备相应框架的有序状态后，必须从外部环境中获取相应的能源和物资。社会子系统的正常运转也需要消耗必要的资源，包括内生发展资源与外生发展资源，前者依赖于社会系统内部的自身发展，而后者则需要外部的资金支持。在不同社会治理主体内部的各种资源保障除物质资本保障以外，还需要涉及人力资本保障、物力资本保障、信息技术保障等。而要确保系统达到内部协调治理的共同目标，除需要一定的物质资金投入以外，更关键的还是科学合理地配置各种资源，以实现资源的最佳运用。四是要构建协同治理信息平台。及时有效的信息处理是社会各子系统相互交流的基础之一。缺乏必要的、合理的信息技术支撑，再好的协作主体或机构也不能起到其应有的作用。所以，在信息系统内部建立完善的信息技术系统，不但能够为指挥系统的决策过程提供技术基础，便于有效控制参与者间的信息沟通，而且还能够实现参与者的高效协同，通过对所获得的信息在行动战略中进行适当的调节与改变，进而形成社会治理的协同效应。

  协同治理，主要是指地方政府部门为了有效地管理目标，在以法治手段维护社区的社会经济主导地位和运行机制稳定的途径上，集成社区内各类有效资源，采取不同的管理方法，为促进社区实现社会自我调节功能提供了制度化的交流途径和活动平台，从而推动多种主体共同参与社会自治的管理格局的形成。协同治理理论提出了多元与协同的分析框架——向基层管理现代化转型，通过对政策和治理机制的有效整合来实现基层自治机制、法治机制、德治机制的充分融合，以此来实现社区治理的善治和危机治理。

  协同治理既包括主体协调，也包括关系协调。区别于传统的政府部门管理模型，社会协同治理理论要求的市场主体协调应当是由政府领导、社区合作、居民个人共同参加的多市场主体社区合作治理模型。经济社会管理也不应当简单地由政府部门提出政策、引导或指挥,而应当由社区、个人等多市场主体共同协调治理。整个社会也要由政府的行政领导向社区共治过渡。治理主体间的关系也应该有变化:一是法治和自治的关系,即协调好依法治村和依法治民、民主管理的关系,以及基层政府如何规范管理和正规治理的关系;二是政府部门和自治社区的关系,也就是协调好政府部门对其他社区管理主体所赋予的管理权力不够,与社区对其他社区管理主体的治理力量弱化的问题,以及如何培育社区和吸纳社会力量;三是法律与政府部门相互之间的关系,即协调好治理权限的制约和赋予自由裁量权之间的关系,以及基层社区治理中普遍存在的官僚主义和政府行政管理的关系。

"多主体治理的现代化转向"是对中国社会治理的协同化治理思想的合理诠释,它是依据我国的基本国情而提炼出来的,拥有中国特色社会主义性质的制度架构。协同治理模式是新时期社会治理的创新锚向,而协同治理的基本理论框架则是通过多主体合作治理的模式来完成社区治理现代化的目标转变。多元化主体合作治理模式的实施,必须有一个能够有效履行全方位服务职能的机构,这也是实现现代化治理的必要基础。另外,政府也要赋予其他基层治理主体一定的治理权力,真正做到权力的下沉,避免社区居委会等其他治理主体的过度行政化,这是实现现代化治理的必要前提和重要保证。多元化主体参与治理的理论在很大程度上充实了我国在社区治理方面的研究成果,拓宽了国家和社会层面的社区治理架构。

(三)参与式治理理论

参与式治理理论源于西方的参与式民主理论,而参与式民主理论是以代议制为主流的。19世纪之后,代议制的工具性越来越凸显,而民主性逐渐减少。德国哲学家哈贝马斯曾指出,资本主义出现合法性危机是因为代议制否定了人民的主权。工业革命推动了世界经济的发展,参与式治理被定义为"和政策有利害关系的政府、团体、公民一起参与分配资源、公共决策、合作治理的过程"。参与式治理理论把民主理论中重视的核心——"参与"引入社会治理中,强调社会治理多元主体互动关系,充分体现了参与式民主理论和社会治理精细化实践的结合。

参与式治理理论着重强调"参与"的重要性并以此为核心,注重公民在自治中发挥的作用,和我国社会治理"以人为本"的理念相吻合。孙柏瑛指出,一个民主社会应该重视公民积极参与的重要性,政府和民众之间应该是互相信任、互相依赖、互相合作的关系，而这种关系恰恰是当代社会治理的道德基础和社会基础。除此之外，参与式治理理论注重政府和其他治理主体的关系，如社会组织、民间团体等，社会治理也要求各治理主体平等地参与，这为社会工作介入社区社会治理提供了理论依据和制度性参考。社会工作通过多方沟通来协调政府、民众、社会部门、企业之间的关系，可以促进问题的良好解决，例如"三社联动"助推社会工作介入社会治理实践中社会工作的参与推动着社会治理的创新和精细化。

此外，在国内外针对社区治理理论的研究中，美国学者罗夫曼提到了社区治理、治理中的规划和行动模式。社区发展模式理论是一种激发群众个人主观能动性，使群众充分参与到社区管理实际工作中去的一种群众自治模式，它鼓励社区居民通过自助以及互助的途径来分析、破解日常生活的不同问题，这种模式强调社区居民主动投入社区治理，强化交流、相互帮助，以此推动社区的发展。因此，在社区发展模式的理论中，每个社区的管理人员必须加强居民个人对社区活动的熟悉度和参与度，着重培养群众间的相互沟通和交流，以此来化解社区问题。在社区运行模式方面，以多元化的社会规划形式和途径进行社区治理，通过多方调研论证确定具体的社区工作计划，实现社区自上而下的管理。社区行动模式是鼓励居民采用集中行动方式向少数人合理化施压，达到少数服从多数的目的，以此实现问题的根本解决。此外，还有一种以社区关注为重点的治理模式，是以社会中的弱势群体为关注重点，也要求政府、组织等多元化治理主体协作推进社区工作，充分调动社区的一切有利资源，从根本上激发居民的主观意识。

九、社会生态系统理论

社会生态系统理论认为，人与生活环境是功能上相互依赖的系统整体，协调是系统运行与发展的基本条件，协调如果被破坏，个体的发展也会受到影响。该理论认为，要想让各因素之间能平衡且持续不断地发展，那么社会中的每个成员都要积极成长，对系统做出贡献，才能实现社会生态系统循环发展的动态平衡。

十、其他相关理论

（一）赋权理论

赋权是挖掘并激发案主自身存在的潜力。赋权是社会工作的一个重要理念，同时也是社会工作的终极目标。在社区社会工作中，赋权是指社区工作者利用专业社会工作知识和技巧，促使社区居民从内部觉醒并掌握积极参与社区事务的途径，从而增强居民的自主创新能力，促进社会发展。其意义就是指导个人、家庭、社区组织和社会机构以积极主动的方式参与社会决策，从活动的实施中提高个人的能力。在社区社会工作实务中，社区工作者在面对社区居民时，不仅要帮助社区居民解决问题，更要培养社区居民解决问题的能力，促使他们成长和转变，使得他们在帮助自己的同时也学会帮助别人，贡献社会。因此，社区社会工作者提供服务的最终目标就是使社区居民获得赋权。

赋权定义在社会工作中的运用起源于1976年美国哥伦比亚大学学者所罗门撰写的《黑人的增强权能：被压迫社区里的社会工作》，他在这本书中明确指出赋权的内涵是指社区工作者一系列完整的参与社会活动的流程。所谓社区工作者参与社会活动，是指运用一些社会工作的专业方法和技巧来减轻对被污名人群成员因他人给予的负面评价而产生的无助感，最终使人从内外部重新认识或定义群体，以实现群体自信与自尊的过程。而美国总统亚当斯提出了关于赋权的一般理论，将自我倡导的观念与传统倡导相联系，引入自助的社区与小组工作方法。他提出赋权是个人、团体、社区感受到可以控制情况并实现目标的过程，在此过程中，通过个别或集体性地行动，以赋予案主能力及自信心。

总体而言，赋权理论的发展过程是为了达到一个既定目标从而通过一些合理的方式介入，将案主或组织的自身权力和竞争能力进行增强的一个活动过程。可以说，赋权就是使案主消除个体对自身的负面评价，增加自我价值认同，以及充实自我能力。

赋权包括三个层面，分别是个体赋权、人际赋权和制度赋权。在个体层次上，指的是个体认识到自己能够影响和解决问题，重点关注案主的认识；在人际层次上，指的是个体与他人进行合作，从而共同努力解决问题的体验，着重于案主对群体的认识；在制度层次上，指的是可以改变那些不利于案主自我实现的系统和规则。赋权的主要作用是帮助案主降低无能感，减少社会的歧视和负面评价，增强其内在的权利感；协助案主寻找及肯定自我价值，建立积极的人生观，将无助无能的心态转化为有着自尊自强的感觉，进而使他们树立信心并积极地影响社会政策。

随着"赋权"在20世纪70年代被欧美国家提出，赋权理论在社会工作、政治学等多个领域得到运用。20世纪90年代，社区赋权被看作实践以及政策研究的重要基石。在政策研究中，社区赋权被看作政府给予社区的影响力和参与权，可以促进政府与基层社区的互动。社区赋权能够推动城市更新变革,通过社区组织和社区个体能够影响政策的制定。社区赋权通过对弱势群体和组织进行赋权,让他们拥有相应的资源、权力、能力等,促使其具备参与决策和治理的权能。社区赋权是城市复兴实践的核心要义,有利于增强社区在整个社会系统中的影响力,促进政府和社会形成紧密的伙伴关系,对于社区福利的增加具有一定的作用。社区权力是指权力在社区中的构成、分布以及运行情况,社区层面的赋权是指在一定地域内的民众形成共同生产生活的社区意识,争取共同的社区权力,改善社区福祉。社区赋权对社区治理有一定的影响,传统官僚科层制逐渐被多元共建的治理模式所取代,社区治理现代化更加强调横向的合作,而不是纵向的管制。许多城市社区赋予市场组织、公益团体更多的社区公共事务参与权限。社区社会组织的社区赋权形式相较于个体层面的赋权行为,对社区治理效能有更明显的提升。社区赋权对社区治理的影响通常是通过影响社区居民的社区参与、社区信任等对社区治理效能起作用的。社区赋权具有过程和结果两种导向,主要包括资源权利赋予社区、激发社区居民参与、增强主体参与能力等赋权过程,从而达到社区有效治理等赋权目标。社区赋权有两个方面的内涵:一是利用基层社区影响公共部门;二是公共部门创造社区赋权的机会,影响社区参与度。

  社区赋权的优化路径主要包含新媒体、多元互动机制以及社区公益价值链的建立。新媒体成为线上线下联结的重要工具,是社区赋权的重要途径。基层社会的群体性冲突反映了社会大众社区参与以及自我组织与自我管理的诉求。王斌、刘伟等认为,新媒体的发展成熟是社区赋权的重要条件,社区赋权不是赋予权力,而是社区居民以及社区工作者形成亲密认同的伙伴关系,在社区问题的解决过程中进行组织实践,完成赋权。建设社区内生力量与社区赋权在本质上有着极大的相似性,社区赋权强调纵向的权力下放和能力培育,因此,建设多元主体互动的网络机制、实施在地化发展等有利于社区营造的本地化发展。朱健刚从社会实验视角进行研究,认为主体性的社会组织在社区发展主要取决于社区自组织、专业服务机构、社区基金等社区公益价值链的影响,价值链和政府、居民之间的互动是社区公益生态的重要体现。除此之外,优化权力运行机制、推动社区整体性治理能够为社区赋权提供良好的环境条件。其中打破各主体之间的信息壁垒,从社区公共性出发更多地参与社区公共事务讨论,成为未来社区赋权的重点。

  社区赋权理论应用到社区社会工作中,要对个人、人际和社区三个方面进行赋权。①个人赋权——提升专业能力。对社区社会工作的个人赋权主要包括完善组织内部架构与制度建设，通过理论+实践的方式提升组织的专业能力。一对一督导，完善社区社会工作架构。首先培育领袖、完善组织架构。培育组织领袖，成立理事会是完善社区组织架构的第一步。社区社会工作的领袖代表着整个组织的意愿，对团体发展和决策起决定作用。一位优秀的领导者对于社区组织正常运行意义极大，社区社会工作的决策者是这个组织的核心，能够凝聚人心，因此培育组织领袖对整个社区社会工作的培育至关重要。为促进组织的专业能力提升，主要采用小组工作方案来培育社区领袖，如工作坊、专题培训、小组活动等，通过开展主题培训+活动的方式对社区领袖进行增能。成功的社区社会工作必须有功能健全且尽职尽责的理事会，负责整个组织的运营与领导，由各组织的领导人负责组织的具体事务。其次是制定章程与议事规则。社区工作者首先动员各社区社会工作组织进行内部讨论，确定组织服务宗旨与发展目标，并制定组织的制度与章程，然后邀请行内专家与高校教师对各组织进行一对一督导，根据各社区社会工作的实际情况制定章程与议事规则，完善社区社会工作的全部组织架构。各组织制定准入、退出机制和其他事项章程，如申报项目、活动开展、财务制度、议事规则等。通识培训能提高社区工作者的专业能力。还可以利用小组+社区的工作方法对社区工作者进行课程培训，理论课程主要由社区社会工作负责人和主要工作人员参加，开展实务活动则由各个社区参与社会工作的全体人员共同完成。社工机构通过开展社区社会工作基础管理、志愿者管理、活动策划与开展、文案宣传、项目书撰写与实施小组工作坊的形式，提升社区社会工作者的管理能力，执行力、活动开展能力与宣传推广能力、沟通协调能力。②人际赋权——构建支持网络。人际赋权是指与人的良好互动形成的社会关系网络，这也是组织自身拥有的社会资源。就目前的发展状况来说，社会支持网络薄弱，不利于组织社会资源的积累，因此要对社区社会工作组织进行人际赋权，改善其与其他群体的关系，丰富社区社会工作支持网络。社区工作者通过组建联席理事会为社区社会工作组织提供互动平台，增加社区社会工作组织与其他群体的互动频率。为确保联席理事会的正常运行，在社会工作者的帮助下，项目点社会工作者、各社区骨干、各社区社会工作的理事长、社区志愿者、社区工作者、社区商家、基层政府工作人员都加入联席理事会中，各社区社会工作的理事长是联席理事会核心成员，保证联席理事会的正常运行。在每月定期召开的联席理事会会议中，各社区社会工作成员共同讨论组织发展情况及经验分享，就自身遇到的问题进行讨论，集思广益，提高分析能力。在联席理事会中，不光居民、商家、基层政府是社区社会工作的支持网络，各个社区社会工作组织之间也互为支持网络。

实地参访游学与沙龙能促进社区社会工作组织间的交流互动，拓宽眼界，吸收、借鉴优秀社区的先进工作经验与方法，对社区社会工作的发展至关重要。③社区参与赋权——促进参与社区治理。美国国家科学院院士罗伯特·帕特南认为，社会组织的特征即社会资本，可以通过社会资本的推动协调与行动来提高社会效率。社区资源中的社区社会资本是其他资源发展的前提。因此可以看出，在社区社会工作中，社会资本是其存在和发展的关键因素。只有提升社区社会工作的社会资本，才能促进其持续发挥作用，从而为社区管理提供更多的资源。社区社会工作的培育离不开资源平台的支撑，整合社区的资源协助社区活动顺利开展也是社区社会工作专业能力的一种体现。社区社会工作开展活动必须以社区居民的需求为导向，充分了解社区居民的需求后再设计活动细节，以专业活动的开展来实现社区社会工作的服务目标，在实践中成长。

综上可知，社区赋权是一个重要的分析概念，在各学科学者的文章中都有呈现，被广泛应用于相关研究之中。随着理论的进一步发展，社区赋权的相关研究在数量以及内容上都在不断创新。赋权视角的应用主要集中在社区治理效能、乡村旅游等方面，学术界逐渐开始关注社区营造的赋权过程方面的研究。新冠肺炎疫情之后，社区作为重要的治理单位成为现实热点，社区居民促使社区产生持续向前发展的潜力。

（二）人类区位理论与城市空间分异理论

根据美国著名的社会学家甘斯对人类区位理论的研究，城市社区被分为四类：黑色区域、灰色区域、民族区域和寄宿区域。还有国外学者在社会研究学说的基础上对城市社区治理进行了重新界定，比如分为由普通工人阶级组成的社区、由流动性较多的群体组成的具有不稳定性因素的社区、由平均收入人群组成的社区、由高收入人群组成的社区，这就形成了每个城市不同空间分化的理论基础。比如，根据人们收入水平的不同，城市社区可以分为三种类型：高、中、低收入社区。城市社区的空间结构也从原有的单一紧凑模式转变为多种类分散模式。

第三章 社区社会工作的介入模式

社区工作模式是对社区工作实践的一种提炼和概括。目前，社区发展、社区策划、社区行动三种社区工作模式受到了广泛的重视，并得到了广泛的应用。不过，这些并不是固定的工作模式，只是可以让社区工作者灵活使用的工作技巧。本章分为社区发展模式、社区策划模式、社区行动模式三个部分，主要包括社区发展模式的概念、特点和目标，社区策划模式下的社区工作步骤，社区行动模式下的社区工作改进对策及原则等内容。

第一节 社区发展模式

一、社区发展模式的概念、特点与目标

（一）社区发展模式的概念

社区发展模式的概念最初来自联合国社区发展的概念内涵，之后美国学者罗斯曼将其进一步发展，总结出了完整的概念。社区发展理论指的是基于社区和谐共融的假定之上，通过分析社区整体系统以及社区内部，使居民产生社区凝聚力并开始合作，从而促进社区内部的和谐稳定、各种资源实现综合发展。

社区发展模式指的是在广泛的社区范围内鼓励居民进行自主治理、通过自助或互助的方式，一同参与到解决社区事务的过程中。其工作的核心是提高居民的参与意识，并利用就地资源优势，治理社区，培养社区人才。这要求社区工作者在发动居民解决社区事务时要注意对居民进行鼓励与引导，促进其意识的觉醒，从居民关注的问题入手，分析问题，进而解决问题。

社区发展模式是社区社会工作开展的模式之一，该模式的目标在于调动社区一切力量主动参与到促进社区经济发展以及环境营造中来，增强社区资源整合

能力。社会工作者要努力促进社区各群体和居民的广泛参与，对社区及社区居民的需要进行评价，并通过社区工作来改进社区的关系，调动社区居民的积极性来解决问题，使社区发生变化。社区发展模式即社会工作参与社区服务的模式是王思斌对社区发展模式的界定，社区发展模式下社区工作的成功开展对社区的大环境有一定的要求，该模式更适合人际交往结构相对简单、社区政治情况相对稳定、社区变迁相对迟缓的社区。具体来讲，由于社区居民身份背景同质化程度较高，他们有着共同的利益，"利益"联结在一起，形成了一种良好的关系秩序。

（二）社区发展模式的特点

1. 主张共同应对社区公共性事务

基于对社区现状的理解和对社区问题及需求的成因分析，可以发现社区中大部分的居民是孤立的，缺乏良好的人际关系与共同解决问题的诉求。因此，社区发展模式强调一致与共识，即通过社区内不同的个人、团体和组织之间充分地进行讨论与沟通，来达成一致与共识，建立社区自主能力，以共同应对社区公共性事务。

2. 强调社区内广泛的参与和合作

社区发展模式理论认为，虽然个人行动是理性地追求个人利益的最大化，但是只要能够在集体行动中照顾到个人的需要和动机，并且能够培养出集体认同感、归属感和凝聚力，个人就会在情感层面和价值层面参与社区活动，并做出自己的贡献。也就是说，为了共同的目标和共同的利益，社区内的居民和组织可以通过沟通、协商，进而达成共识并采取集体行动。因此，应用社区发展模式开展社区工作时，一定要想方设法调动社区居民最广泛的参与和合作。

3. 认为过程目标重于任务目标

虽然社区发展模式以一定任务目标的完成为基础，但更重要的目标是致力于居民社区意识的形成、共同解决问题的能力的提升。社区发展模式强调通过加强居民间、居民与组织之间及组织之间的联系、参与和合作，重建社区新型人际关系和社区支持网络，培养居民的公民意识和主人翁责任感，增强居民对社区的认同感、归属感，提高社区的凝聚力。

（三）社区发展模式的目标

社区发展模式的目标主要包括两个方面：一是任务目标，即完成具体的社区项目或解决具体的社区问题；二是过程目标，即在解决问题的过程中提升居民自决自助能力，促进彼此间的沟通合作和社区整合。

罗斯曼认为，在这两个目标中，过程目标发挥着重要的导向作用，二者是相互依存、相互促进的关系。

通常而言，社区发展的任务目标主要包括社区经济开发（如自然资源的利用及相关产业发展）、社区民生公共服务供给（如社区教育、社区医疗、文体健康等）、社区基础设施建设（如供水供电设施建设、垃圾处理、房屋道路规划等）、社区文化发展（如科普知识教育、公民素质提升、职业技能培训、各种文化娱乐活动等）。

过程目标，根据英国学者托马斯的概括，分为六个方面。

①各种社会网络的重新建立。

②居民互动及交往的增加。

③邻里关系的改善。

④居民及团体之间重建紧密的联系。

⑤居民认识到参与的重要性，并愿意承担责任。

⑥居民对社区更加认同及投入。

托马斯的概括清晰而全面，而美国学者鲁宾夫妇归纳的社区发展的过程目标更加注重强调促进社会公平、培育民主和社区意识。总之，过程目标都在强调社区发展模式的推进是对社区居民组织和再教育的一个过程，在解决具体问题之外要尽量满足社会总体目标的期望。

二、我国社区发展模式下的社区工作现状

（一）社区工作过于行政化

我国当前的治理结构仍然是以传统的、高度统一的单位制结构为主，在社区治理和建设的过程当中，社区工作仍然由政府来主导，对于基层社区实行的是行政领导式的方式，这难免会出现工作过于行政化的现象。作为在计划经济时期就出现并一直沿用至今的产物，一些社区的居委会很难做到"自治"。例如，在人员任用方面、工作职责方面和工作考核方面都具有较强的行政性，更像是街道办的派出机构，使得政府的基层部门街道办和自治组织居委会之间的关系更像是一种依附关系。

（二）社区工作过程缺乏专业性

社区发展模式介入社区治理工作过程中面临的主要困境之一就是缺乏专业性。社区居委会作为本土性社区工作的施展者，会比较容易倾向于沿用以往的知识理论和方法来解决问题，这就造成了社区工作仍然是政府主导的，缺乏来自社会力量的介入，缺乏一定的专业性。招聘社区的正式职工，更多只是为了满足上级领导要求，这些工作人员并没有被充分地了解并利用起来，且招聘条件不严格，专业性上也很难得到保证。

一些社区在进行社区工作时缺乏专业性，还体现在以下几个方面：①社区的活动大多是由本居委会主导开展的，缺乏相应的专业性和来自社会组织的介入；②社区工作者队伍中缺乏专业的社区工作人才，一些社区在职的社区工作者都是由于职位需要而招聘的人员，缺乏专业性。

此外，一些社区正职人员虽然对社区的事务有一定的了解，但在一些活动的开展过程中缺乏专业的方法。一方面，活动开展的流程和步骤设计大部分都凭借自己的主观经验；另一方面，其所开展的活动主要是为了完成上级部门的工作指示。"重结果，轻过程"的工作模式没能解决社区应该解决的问题。社区工作者的服务水平偏低，直接导致社区工作治理过程缺乏专业性。社区工作过程从非专业化发展到专业化仍需要一个漫长的过程。

（三）社区居民参与度不高

居民的整体参与度直接影响社区建设的成效。从居民的角度来讲，很少有居民会主动了解和参与社区的共同事务，社区居民参与社区建设的意识薄弱，缺乏自觉性，如前面所述，居民比较倾向于参与跟自身利益相关的社区活动，如果居民认为自身的利益或参与社区活动的目的没有达到，对社区活动的参与意愿就会大大降低。其次，大部分的居民都把社区看成一个简单的居住地，也有一些人承认自己的努力会对社区的发展产生一定的影响，但更多的人却觉得自己对社区没有任何责任和义务，一般表现出有引导就进行、没有引导就不参与的状况。

导致居民参与度不高的其中一个原因就是举办活动的消息传达不畅，此外，由于居民在参与社区共同事务时会受到自身现实条件的影响，如思想观念、经济条件、健康状况等因素，不同的个体会表达不同的需求，而当社区所设计的活动没有充分考虑到大部分居民的实际需求时，在一定程度上会影响居民的参与意愿。

此外，社区工作过于行政化也会影响居民的参与度。政府部门过分重视工作指标而忽略居民的实际需求的传统观念依然存在，"自上而下"的管理方法会降低居民的社区参与意愿。

另外，社区自身的缺陷也是造成居民参与度不高的原因。社区内缺乏社会组织、缺少来自社会市场化力量的介入、难以整合居民对于社区的诉求，也在一定程度上影响了居民的社区参与意愿。

三、社区发展模式下的社区工作改进对策

（一）政府权力下放

如前文所述，社区工作在很大程度上还是由政府主导的，社区自治权不足，社区居民难以真正参与到社区决策当中。因此，政府应该加快政府职能的转变，改变传统的管理方式，贯彻落实"政社分离"理念，让社区来管理自己的事务，从而促进社区的自治。此外，政府要更多地下放自治权，社区的事务让社区自己解决，做到真正意义上的民主自治。

在社区发展模式下，政府部门在管理社区的时候应更多地扮演指导者的角色，而不是下令者，应减少行政命令，赋权居民，鼓励居民积极参与社区活动。政府更应建立健全相关法律和政策，充分保证居民的利益，从而提高居民参与社区活动的积极性。另外，最重要的一点是政府应将民主决策落实到位，在社区建设当中，要真正发挥居民的作用，鼓励居民提出自己的想法和建议，提升他们的参与度，树立居民意识。

（二）社区增强自身的自治能力

社区发展模式下的社区也应该增强自身的自治能力，培养居民的参与意识。

第一，居委会应该主动提出策略，积极鼓励居民进行自我建设，在社区建设当中发挥居民的优势和主动性，使他们行使自己的权利，履行自己的义务，为社区的公共事业发展做出贡献。

第二，社区同时也要将社区行动的目标聚焦在居民这一个子系统当中，从社区面临的共同性问题出发，充分考虑居民的需求，在这个过程当中，提升居民参与的积极性。

第三，社区应该培养居民社区参与和自治的能力，培育社区组织，培养和带动居民社区参与的意识。

第四，社区居民应从被动参与变为主动参与。

整体来说，社区应该着重培养优秀人才和精英骨干，发挥他们积极建设社区的引领作用，培育他们社区参与的积极性。

（三）引进或培育社区工作专业人才

社区发展模式下的社区工作需要专业的社区工作者的帮助和支持。专业的社区工作者在社区治理当中有着重要的作用。因此，完善专业的社区工作人才队伍建设是有效治理社区的基础。

第一，社区要建立和完善人才的引进和培养机制，通过合理运用政府的相关扶持政策来引进专业社区工作人才，并充分发挥其专业性。

第二，加大政府购买服务力度，为社区工作者的人才队伍建设添砖加瓦。

第三，对社区工作者来说，他们具有一定优势，例如，他们对社区的环境比较了解，也有比较丰富的服务经验；但是也有一些缺点，例如，他们的专业度比较低。因此，除了聘请专业的社会工作人员，社区应当加强社区工作者之间的沟通与交流，并聘请专业的社会工作者来帮助他们进行职业培训。

同时，志愿者队伍也是建设社区的重要力量，完善志愿者队伍建设对社区治理能起到很大的促进作用。

首先，社区应加大志愿者的招募力度，以缓解志愿服务供给不足的情况。社区可以招募社区内的党员干部等，充分发挥他们积极服务社区的精神。

其次，志愿者的选择是一个过程，且由于社区内所需服务的人群和类型不尽相同，因此，社区要在志愿者的思想素质上严格把关，选出真正有意服务社区的志愿者，同时，应该根据开展的项目进行人员专业培训，提高其志愿服务的水平。

（四）重视社区发展模式的运用

社区发展模式下社区工作的最终目的是帮助社区进行建设，促进社区持续、长远的发展。因此，社区发展模式的理念对社区的发展有着很重要的积极作用。

一是要注重居民社区参与和民主意识的培育，了解居民参与社区事务的重要意义，合理挖掘和使用社区资源，增强居民的社区参与意识。通过构建良好的民主体系和过程，在社区中形成民主的气氛，以实现民主的自决。

二是要加大对社区领导的培养。社区领导一般具有负责任、敢于担当和开放民主的作风。因此，发掘优秀的社区领导对于社区组织建立和发展有很大的促进作用。社区在对社区领导进行培育时，可以采取系统的学习方式或一些非系统的对话反思的方式，提升社区领导的分析能力、组织能力、应对危机的能力和其他工作技巧。

三是要重视和加强社区组织建设。一个社区若想要广泛地发动居民参与社区建设，利用社区组织的引领作用是一个有效的方法。社区组织可以充分发挥自己的功能，提升居民的社区参与意愿。在社区治理和建设过程当中，应大力支持社区组织的建设和发展，以实现社区的多元化治理，从而达到社区持续、长远发展的目标。

（五）着手解决社区实际问题

社区发展模式认为，居民是社区建设的主体。在通常情况下，立足于居民所关注的事情，即社区共同性问题，是促进社区居民参与社区事务的有效方法。有学者通过实地调查发现，居民的职业、收入和政治面貌等因素都与他们参与社区事务的意愿没有直接联系。而想让社区居民广泛参与社区事务，就应该从广大居民所关注的共同性事务出发。如此才能够广泛动员社区居民积极参与社区事务，解决社区问题。

此外，居民普遍关心的问题就是切实关乎自身利益的社区问题，如社区的治安问题、卫生问题等。社区工作者应立足于解决社区的公共问题，如设立巡逻队、引入楼长制等，一些有条件的社区还可以引用社会资源来共同解决这些问题。

社区共同文化是社区团结在一起的精神纽带，传承社区文化有利于促进社区氛围的营造。社区工作者可依托传统节日来传承优良文化，营造和谐的社区氛围。例如，在端午节举办划龙舟活动或者赠送志愿者包好的粽子等，在重阳节举办中老年歌舞比赛等。另外，在儿童节举办留守儿童关爱活动，让社区留守儿童感受到他们并不孤单，社会上还有人在爱他们、关心他们，营造关心留守儿童的社区氛围。

（六）提高居民的参与程度

居民与社区离不开彼此，彼此在互动中都会受益。社区发展模式下的社区工作者应积极培养居民自觉参与社区事务的意识和能力。社区工作者在制定社区相关计划和管理规定的时候，应开展交流会和座谈会等，广泛征求居民的意见。例如，制定《社区居民公约》和《住宅小区管理规定》等管理制度，发挥居民的社区主人翁作用。《社区居民公约》中，包括遵纪守法、爱护公共设施、讲文明和讲卫生以及自觉遵守社区各项规定等,这让居民感受到并不是社区在管理自己,而是居民自己在管理社区。另外,社区还可以通过组建社区志愿服务队伍来提高居民参与社区建设的程度。

社区工作者要充分利用社区的资源,动员社区党员、社区居民组成社区义工队伍。例如,在新冠肺炎疫情中,不少社区成立了志愿者队伍,为居民提供咨询、购买药品、运送物资等服务。部分社区重视居民参与,也体现在重视对居民自治的培养上。例如,从关注公民的共同利益出发,提高社区老年人、残疾人和低保户的自主能力。对于没有自主能力的老年人和失去工作能力的残疾人,社区工作者在为其申请低保保障其基本生活质量的同时,还要积极帮助其进行医疗康复,同时不定期招募志愿者团队,对社区内的老年群体进行精神慰藉。对于还有劳动意愿且还有劳动能力的老年人和残疾人,则应提供就业引导,引导其从事一些体力花费较小的劳动,提升其自给自足的能力。例如,帮助其开理发铺、补胎店、零食店和日用品店等,通过这些方式,居民的自主能力能得到很大的提高。

总而言之,在社会发展模式下的社区建设过程中,作为参与主体的居委会和社区居民,他们可以享受到社区带来的福利。然而,在社区运用社区发展模式介入社区工作的过程当中,也存在着一些不足,例如,工作过于行政化、社区工作的过程当中缺乏专业性、居民参与的程度不高等问题。

第二节　社区策划模式

一、社区策划模式的概念与特点

(一)社区策划模式的概念

社区策划模式又被称作社区计划模式,是社区工作的三大模式之一。该模式既是社区及社会发展的一种发展策略,也是一种策划管理,指向具体的发展项目。在很大程度上,它强调的重点不是关注社区能力的建设,也不是促成社会发生根本性的改变,而是强调建立、安排和提供商品和服务给有需要的人们。它强调在社区范围内,对于社区面对的问题采取理性的服务设计,使问题得到解决,使居民的需求得到满足。

（二）社区策划模式的特点

1. 强调运用理性原则处理问题

社区策划模式一方面强调过程的理性化，包括工作中设定清晰的目标和价值取向，设计可行性方案，预估方案的收益与代价，比较和选择代价最低、效果和效率最佳的方案实施；另一方面强调技巧的科学化，特别是运用科学方法，包括运用定量和定性研究方法收集、分析和解释资料来协助做出决定。

2. 注重任务目标的实现

社区策划模式所关注的社区存在着多重问题，例如，医疗、就业、福利、娱乐设施不足等，这些问题需要排列优先次序，逐一解决。在该模式中，任务目标是解决实质性社区问题，过程目标是收集和分析资料以及系统分配时间和动员资源。该模式注重任务目标的实现，以解决实质性社会问题为主要工作取向。

3. 指导社区未来变化

社区策划通过分析当前和过去的资料，预测将会发生的事情，并设计应对策，其目的是尽量降低社区未来变化的不确定性。

4. 注重自上而下的改变

社区策划的过程主要是收集与问题有关的各种资料，了解问题的本质和发生原因，并用理性的态度决定解决问题的行动方案。社区工作者扮演着专家的角色，运用专业知识、科学决策的能力及其权威，策划和推动改变社区社会工作。在收集资料、分析事实、决定方案、采取行动等过程中，社区工作者居于主要地位。

二、社区策划模式下的社区工作步骤

社区策划模式下的社区工作大体上可以划分为三个阶段，即社区策划的准备阶段、社区策划的制定阶段和社区策划的组织实施阶段。

（一）准备阶段

社区工作者首先应认识其使命与信仰，厘清其工作的方向、范围、重要性及意义，进而确定适合本单位的服务目标与能力的项目。其次，社区工作者应搜集相关的资讯，分析所面临的环境与情势，了解所面临的机遇、竞争与阻力。例如：哪些人和组织对该项目有影响，是否能够联系或邀请他们参加该项目；哪些资源能够得到资金和人力的支持，是否能够通过努力来争取；哪些情况会发生变化，是否能够解决这些问题。

除了对外部因素进行分析之外，还要考虑自身主观和客观的能力是否能够担当起一项社会计划。社区工作者要对自己的长处和短处、组织的特征进行评价，以便明确地界定计划的目标、界限和范围。

（二）制定阶段

制定计划是非常重要的阶段。策划源于问题，因此首先要界定和分析问题。

①通过社区调研和分析，掌握社区基本情况和存在的问题，分析目前的方法有何不足，长此以往将会带来的影响以及产生的后果，是否必须进行社会干预等。

②在此基础上确定社区需要，可以通过对案主进行访谈调研，也可以通过专业的指标数字来评估。

③围绕需要制定目标和达到目标的标准。目标既是工作的方向又是后期评估的依据，要具体可测量，要强调对案主的改变，同时要有轻重缓急，要有明确的时间表，要切实可行。

④围绕目标寻找、比较并选择可行方案。每个方案的制定都要有依据，要把解决方法与效果相连接，要把方案的收益与代价相比较，从而做出最理性的选择。在选择方案时，应充分考虑其可行性、效果和被接受的程度。

⑤选定方案，交给资助者或委托人核准，准备实施。如若可能，最好在方案正式实施前先进行一些测试，以此进行局部修改。

（三）组织实施阶段

在执行方案阶段，社区工作者要做好宣传、动员、协调和监督工作，依托一定的组织和人员按照既定方案在正常轨道运作。随着实践的深入推进，要对原有目标和手段做出适当调整，要因地因时制宜。在方案执行过程中，最容易在人事和管理方面出现问题，要及时处理、渐进推动，不断完善。最后进入总结评估和反思阶段。评估实质上贯穿社区策划的整个过程，结果评估只是评估的一部分。评估需要运用一定的测量工具，总结计划落实情况、目标达成情况、成本收益情况，要突出展示计划的成就，当然也不能回避计划可能带来的负面效应。此外，还要反思社区工作者在方法、技巧方面存在哪些得失，以期为后续工作提供借鉴。

实际的社区策划程序和实施过程远比上面的叙述要复杂得多，毕竟社区不是一个机械的工程，而是充满了各种不确定性的活的有机体。因此，哪一个环节出现问题可能都要不断向上追溯，做出调整和修改。这里只是给出了一个相对理想化的状态和步骤模式。

三、社区策划模式下的社区工作改进对策

社区策划的内容广泛，包括社区服务策划、社区教育策划、社区文化策划、社区组织策划、社区资源开发策划等；涉及群体广泛，包括儿童服务、妇女服务、残疾人服务、老人服务等；涉及问题也很广泛，包括交通、医疗、人口、教育等。不管涉及的内容、群体和问题如何，都要把握住一些基本原则和关键点。

（一）把握基本原则

一是理性原则。社区策划模式下的社区工作者在进行社区工作时应把握的原则是理性原则，在工作方案制定的过程中无论是方法还是程序都应尽量科学系统，遵循并重视专家意见，进行详细周到的考察论证。

二是权变性原则。社区策划模式下的社区工作要具有一定的可塑性，可根据客观情况变化随时调整修正，而且工作方案应具有充分的预见性，对可能产生的风险和问题要有足够的预测并提出相应的应变对策，还可以制定多套方案作为备选。

三是渐进原则。社会策划模式下的社区工作在推进的过程中，可能会遇到阻力甚至误解，导致整体效果不理想、进展缓慢等问题，这时不能急于求成，要将方案逐步分解，做好协调动员工作以获得支持。

四是适宜性原则。社区策划模式下的社区工作一定要符合社区实情，考虑时间、人力、物力、步骤等多方面的可行性。

（二）继续提高社区工作者的福利薪酬标准

社区策划模式下的社区工作需要专业的社区工作者。社区工作者的专业化发展需要大量专业人才的注入，而专业人才的流失无疑不利于推进专业化进程。目前，专业人才流失的一大重要原因是薪酬福利标准较低。随着经济的发展，生活成本逐渐增加，尤其是婚后面临着养家重任的男性，更不愿意从事此行业。为了避免专业人才的流失，尤其是受过社会工作专业高等教育人才的流失，以及平衡该行业的性别比例，各地政府应该继续改进社区工作者的薪酬福利体系，吸引

更多的专业的高校毕业生走入社会工作机构，促进社会工作的专业化发展。

（三）完善社会工作项目评估内容

社区策划模式下的社会工作的评估内容是优化社会工作项目服务评估的核心环节。社会工作项目评估应从多方面进行，社会工作机构所提供的服务是否具有可持续性、是否解决了案主面临的困难、是否从案主的实际需求出发，专职社工解决实际问题及应对困难的能力等都应成为社会工作项目评估的内容。社会工作项目评估应兼具效率考察和专业发展，不断完善社会工作评估的内容，逐渐改变目前我国社会工作项目的评估内容以服务数量指标的达成情况为主的现状。同时政府合理制定服务数量指标，避免让社会工作机构忙于应付服务数量而忽略了专业质量的提升、忽略了案主的需求及社区实际问题的解决。只有社会工作机构有时间、有精力注重专业理论与方法的提升时，社区策划模式才能有推广应用的空间。

第三节 社区行动模式

一、社区行动模式的概念、特点与目标

（一）社区行动模式的概念

社区行动模式是罗斯曼在总结美国社区建设经验的基础上提出的社区工作模式之一，又称"社区行动模式"或"冲突模式"。罗斯曼认为，社区行动的目的是社会制度或社会结构的改变，实现权力资源的公平分配；有学者在此基础上提出"社区行动"是组织社会上受到压迫、忽视或不合理对待的权益受损群体，通过集体行动获得第三者支持，争取应有资源的行动模式。目前，社区行动模式已经成为西方国家社区工作的一种常见模式。

与社区发展模式和社区策划模式相比，社区行动模式是一种更为激进的改良模式。罗斯曼认为，社区行动模式假定有一些处于不利境地的群体，他们需要被组织起来，以联合其他人去向整个社会争取资源及取得符合民主及公平的对待。社区行动的目的是社会制度或社会结构的改变，使权利、资源及决策权得到再分配，并影响基本政策的改变。

不同学者的表述虽不同，但也达成了基本共识，即都着重强调这个模式针对的是社会边缘群体或受到不公正待遇的底层群体，都强调要通过集体组织起来的行动方式，也都强调了对公平正义的追求。因此，社区行动模式作为一种社区社会工作的介入模式，实质上指的就是社区工作者协助利益受损群体通过运用集体行动等多种策略给相关方面施加压力，从而实现相对公平的资源、权利再分配。在这一过程中还会给成员和组织赋权，提升其参与、组织和解决问题的能力。这里的社区行动不是要进行彻底的社会革命，虽然也是一种自下而上的集体行为，但其目标往往是在既有制度框架下寻求权利的实现和有限的改变。应该说社区行动不是社区工作者的专利，西方国家的许多政党组织也会用到此方法，社会工作领域运用此方法时要注意与政治性极强的社会运动相区分。

（二）社区行动模式的特点

1. 案主多是弱势群体

这些弱势群体可能是地域性的群体，也可能是功能性的群体。

地域性弱势群体强调在某一地域社区内，其居民共同面临不利的处境，例如，整个社区居民受到严重工业污染或整个社区居民遭遇不合理征地拆迁等。

功能性弱势群体虽然不强调居住在一个地域社区内，但这些群体同样也面临类似的不公平遭遇或生活困境，例如，残疾人福利待遇问题、农民工工资拖欠问题等。

2. 由居民最关心的问题或事件入手

一般这个问题都非常具体、微观，通过居民讨论就能达成目标及方案，容易引起居民的参与热情。如果事件的不公平性明显，就会引起社会公众的关注，相关部门也会因为面临较大的公众压力而做出让步。

3. 强调行动的集体性及对抗和非制度化的途径

弱势群体因其在地位和资源上都不具有优势，只能依靠人数众多及形成的团结力量来给相关部门施加压力，因此，组织起来形成集体行动是其重要特征。也正因为其资源和地位的有限性，所以冲突对抗和其他非制度化策略便成为他们解决问题的主要方法。

4. 强调对社会第三方力量的积极争取

弱势群体因为社会资源和权利的有限性，即便采取冲突策略，诉求也可能不被重视，因此获得传播媒介、社会大众及有影响力的组织的支持，是经常采取的策略。若能通过传播媒介将问题的不公平变成公开的事件，引起社会共同关注，则比较容易促成问题的解决，达到社区行动的目标。

（三）社区行动模式的目标

1. 任务目标

就任务目标而言，就是要实现权利和资源的再分配。社区行动的出发点就是要通过有组织的集体行动给相关部门施加压力，来为遭遇不公平的群体伸张正义，获取资源和利益，改善生活境遇，提升生活质量。因此，社区行动模式是否成功要以是否妥善解决了弱势群体的具体问题作为重要的衡量标准。

2. 过程目标

社区行动模式要通过行动的组织和实施过程带来居民和社区组织能力与合作意识的提升。社区居民在具体诉求得到解决的同时，将实现增权，树立信心，逐步改变无奈无能的心理状态；将提升团结能力，认识到组织和集体解决问题的强大力量；将提升自我意识，学会运用有组织的方式解决问题；将提升组织动员能力，促进社区关系的改善，甚至推动社会改良。

二、社区行动模式下的社区工作现状

社区行动模式起源于美国，在我国社会工作本土化过程中还需要经历融合阶段，关于社区行动模式在我国的适用性问题，学术界还存在争议。

一方面，有学者对此模式的运用持谨慎态度。他们认为社区行动模式采取集体行动的形式容易面临激烈变迁的前景，并且在行动过程中如果引导不力容易歪曲行动初衷，加剧群体矛盾。另外由于社区行动对现行政策及实践制度的挑战在我国政治体制中难以被接受，且基于居民社区归属感不足以及尊重权威，倾向中庸之道的传统考虑，目前社区行动模式在我国缺乏应用的土壤及环境。

另一方面，有学者认为社区行动模式在我国具备一定的适用环境。我国多个社区已尝试利用社区行动模式解决社区纠纷。例如，张××针对社区中教师群体被剥夺住房权利而引发的社区冲突，在社区行动模式的指导下，组织教师群体通过座谈会推选核心领袖，并通过对话性活动接触负责部门反映意见，通过抗议性签名活动争取支持以及对抗性静坐活动干扰工作的方式妥善解决了社区冲突；李××针对吉林市××小区中的房屋质量问题，组织社区居委会采用社区行动模式引导居民团结合作，成立业主委员会，通过联名上书市建委以及进行法律咨询的方式有效弥补了损失。由此可以看出，社区行动模式在居民纠纷化解方面能够发挥作用，聂欣认为目前该模式已成为解决社会冲突的有效选择，这种模式的实质是在现有制度下改变不公平政策，采取自下而上的参与方式。以上成功的项目案例也充分说明，在正确引导下的对话性、非暴力性社区行动能够发挥重要作用。

由此可以看出，随着社会结构的变化和法治社会的不断推进，在社会冲突事件频发的背景下，以协商为主的调解形式不仅需要社区氛围，耗费时间，而且调解效果也无法保障。而居民不断提升的法治意识也促使他们越来越多地采取直接行动维护自身权益，在社区工作者的组织倡导下，非激烈的社区行动在化解冲突因素、凝聚群体力量等方面发挥了作用，为快速解决问题提供途径，同时社区行动模式相比其他介入模式，在一些发生冲突的社区，不仅能够借助集体力量快速化解冲突事件、解决利益对立，而且也能改善社区关系、培养社区领袖力量，提升社区治理水平，从而成为纠纷解决方式的新选择。

三、社区行动模式下的社区工作改进对策及原则

（一）社区行动模式下的社区工作改进对策

根据社区行动的不同阶段或相关部门的不同回应态度，社区行动模式下的社区工作策略亦有不同，按照激烈程度大体上分为四种类型。

1. 对话性行动

在解决有关问题上，特别是在资源配置方面，弱势群体还没有丧失对强势群体的基本信心。弱势群体仍然觉得后者的权利是合法的，他们相信，如果有合理的理由，并且通过适当的方式去争取，强势群体将会接受他们的观点。通常情况下，对话性行动包括与官员见面，给官员写信，以便得到一个谈判的机会，或用其他更温和的方法来表示自己的请求。

2. 抗议性行动

当对话性行动没有引起足够的重视时，弱势群体因为资源的局限性，便会想方设法采取各种方式引起大众传媒的关注，通过暴露政府政策的不完善之处，争取和团结更多的利益相关者或普通大众，期望以此形成外在压力，从而使强势

群体做出一定的让步。常用的抗议性行动形式包括签名运动、记者招待会、露宿、绝食、群众集会等，通过扩大影响引起全社会的关注，从而引起政府的足够重视。

3. 对抗性行动

对话性行动和抗议性行动不能取得很好的效果时，对抗性行动便会成为一种选择。维权者组织起来直接针对利益影响者采取行动，致使正常秩序难以运转，迫使对方愿意重视谈判以解决问题。其常用的方式有黑工、公开违反不公正的政策和法律、拖欠或拒交有关费用、阻止施工等。对抗性行动与抗议性行动相比，不再完全依赖大众传媒和社会人士的支持，其方式更激烈，针对性和组织性也更强。

4. 暴力性行动

顾名思义，暴力性行动是指对有关部门和人员采取投掷、打砸、挥动武器等方式进行维权的方式，多是弱势群体实在无计可施的情况下采取的反抗行为。暴力性行动破坏性强、激烈程度高、付出代价大，对社会秩序和社会稳定负面影响大，一般不被倡导，在中国社区一般较少发生。

（二）社区行动模式下的社区工作改进原则

由于社区行动模式可能是一种付出资源和代价较高的争取手段，因此社区工作者在使用时要充分考虑利弊，并秉承"案主自决原则"，控制行动的节奏，最终帮助社区利益受损群体实现目标。一般而言，社区工作者在运用社区行动策略时应把握如下几个原则。

1. 循序渐进原则

社区行动模式的四种策略是由温和走向冲突的逐步升级过程。一般要本着以对话化解对抗、尽量减少损失的原则，能用对话性行动则尽量不用对抗性行动，先温和后冲突，层层递进，步步提升。由最温和的方法起步，当行不通时才提高行动的层次。因为行动方式越激烈、对抗性越强，越有可能逾越法律限制，给利益受损者带来极大风险，也给社会稳定带来极大隐患。因此，要循序渐进，尽可能得到其他阶层的理解和支持，避免不必要的风险和损失。"混合策略"也可能成为社区工作者采取的方式之一。

2. 争取让步而非破坏原则

社区行动的目的并不在于破坏，而在于解决问题，所以社区工作者必须重视行动的组织性、技巧性，尽可能地把行动控制在非破坏性的水平上，争取更多的社会舆论和民众的支持，争取更多的对话和谈判机会，让对手妥协，以扭转劣势。当法律许可时，弱势群体可将自己塑造成无辜、被歧视、被冤枉的好人，将另一方的不合理行为被完全揭露出来，从而赢得社会的支持与协助，这样一种有序、平和的方式要比使用武力取得的结果更好。

3. 把握行动的连续性原则

社区中弱势群体的问题多是由社会结构或社会政策不完善引发的，原因复杂，仅靠一次社区行动就全部解决的情形是不常见的。因此，当某一行动未达到预期效果时，应有下一步的行动跟进。步步相连的行动本身就会给相关部门带来压力，从而促进问题的最终解决。

第四章 社区不同群体的社会工作

社区社会工作是社区工作者运用专业方法解决社区问题、促进社区发展的方法和活动。在社区社会工作实践中，服务碎片化、目标不聚焦、项目管理不系统、成效难显现等问题普遍存在，因此有必要对社区不同群体的社会工作加以研究。本章分为社区青少年社会工作、社区老年人社会工作、社区妇女社会工作、社区流动人口社会工作四部分。主要包括社区青少年社会工作的界定、社区青少年社会工作的困境、社区老年人社会工作的界定、社区老年人社会工作的优势、社区妇女相关概念的界定、社区妇女社会工作的特点等内容。

第一节 社区青少年社会工作

一、社区青少年社会工作的界定

我国社区工作学界对于青少年社会工作没有唯一的规定概念，大多数专业学者在界定青少年社会工作概念时使用了较为一致的要素：服务领域针对青少年、以青少年的需求为出发点、介入使用专业理论、为青少年群体的发展做出社会性贡献。因此，对于青少年社会工作，其定义如下：介入对象是青少年群体，专业的社区工作从业者在秉承专业价值理念、遵守相关伦理守则的前提下，挑选适合的社会工作理论和服务方法为满足青少年群体多元化的需求所开展的服务，其最终目的是促进社区青少年群体的健康可持续发展。

二、社区青少年社会工作的困境

从社区青少年视角入手，社会工作在社会文化因素的影响下是存在多种困境的，包括社会工作在实践助人过程中产生的困境与问题，这些问题的产生受到各种因素的影响，如在社会工作中如何进行伦理困境的伦理抉择，应选择何种工具或决策过程进行伦理抉择等,这都是社区青少年社会工作实践中所需要解决的问题。以下对社区青少年社会工作中的困境进行讨论。

(一)利益冲突

社会工作中每个专业的伦理守则都是将案主的利益置于优先地位,增进当事人的福祉,这要求在社会工作过程中需要将当事人的利益放在首位进行考虑。但在实际的社会工作过程中,社会工作还需要重视社会影响与特定的法律职责,往往法律与社会环境因素会取代当事人利益,这时候需要对当事人进行提前告知。在社会工作过程中,利益冲突的产生是常见的,在社区青少年社会工作中如何有效地取舍当事人利益与个人利益、社会利益、政府利益是困境的一大体现。

(二)价值冲突

社会工作中当事人的价值观与社区工作者的价值观产生冲突是常见的事情。每个人都是不同的个体,价值观无法完全契合形成的价值冲突是否会影响社会工作的进行,答案是肯定的。在价值观念产生冲突时,如何有效地进行社区青少年社会工作也是困境中的一大重点。例如,对于一些犯罪人员,在过去人们往往认为其应该得到惩罚,而在社会工作中,犯罪人员却成了保护对象,这种价值观念上的冲突需要社区工作者进行自我调节,否则不利于社区青少年社会工作的开展。

(三)专业界限

社会工作中案主与社区工作者的专业关系会给社区工作者带来一定的困境,特别是在社区工作者与案主超越专业关系时,这种困境有可能会给案主带来益处,但也会影响社会工作的进行。在青少年社会工作中,如何对社区青少年社会工作的专业界线进行把握是最关键的问题,这也是在社会文化语境下人与人之间经常遭遇的困境。

三、社区青少年社会工作的优化策略

(一)明确角色定位

一方面,青少年社会工作组织应明确自身的角色定位。青少年社会工作组织在生存和发展过程中，要想继续履行并实现组织自身的使命和愿景，就必须选择合作。加之，当前我国社会正处于转型期，政府也只是将青少年社会工作组织视为自身职能的补充和延伸，这也说明，青少年社会工作组织和政府这两者之间的关系彼此独立，并在此基础上进行合作。只有建立平等的"伙伴"关系，合作才会是长久的。因此，青少年社会工作组织在同政府的合作中，应当始终坚持自己的角色定位，把握好合作的"度"不是为了合作而合作，合作也不是依赖，不能丧失"自我"，过度的依赖则很容易导致名存实亡的情况出现。

另一方面，政府应明确自身的角色定位。政府应当重视对自身观念的转变，将有效的、顺畅的沟通机制建立起来，以在自身失灵时，促使青少年社会工作组织的作用、优势能够得到充分发挥。对于青少年社会工作组织的发展，政府不应当以行政的手段直接介入，可以采取民意调查、听证式的协商制度等来加以适当的规制，同时也要允许并确保在利益相关的政策讨论中，青少年社会工作组织有参与的权利。

另外，政府部门应协调青少年社会工作组织与居委会之间的关系。政府和居委会对青少年社会工作组织而言，都是生存发展的重要影响因素。而从"依附"型关系向"合作"型关系转变的实现，则需要政府减少对青少年社会工作组织的内部事务的干预意愿和行为，仅提供大方向性的指导即可。

（二）加强与外部的互动

从社区青少年社会工作发展现状来看，其总体发展仍处于良好阶段，也积累了一定的经验。从法团主义理论的角度出发，社会组织无法依靠自身来约束多个利益主体，所以需要一个可以有效调和、组织多个利益主体的意见，从而进入决策体制内的模式。目前，有关政府部门正在探索以"政府与社会互动"为中心的新型社会治理模式，政治与社会互动也面临着良好的发展机遇。

同时，社区青少年社会工作的合作需要整个行业的共同努力。没有合作和沟通，就很难进行创新。仅依靠一个机构是不够的。未来，应该从以下几个方面做出努力：第一，学校和研究机构应该从自身的特点出发，加强对社会需求的关注，加强社会工作的研究，以其作为发展基础的水平，探索适合当地青少年社会工作服务发展的道路。第二，要加强与其他青少年社会工作组织的联系与合作，特别是那些与自己情况相近的青少年社会工作组织，学习他们在青少年社会工作中取得的经验。因此，各个机构之间需要建立互动交流协作的平台，例如，成立青少年社会工作组织联盟，共享志愿者和场外用地；每月开一次工作交流会议，分享彼此的经验和困难，一起研讨未来的发展方向。青少年社会工作组织联盟的目标是在会员单位的基础上，利用共青团的组织优势，不断完善和发展相关青少年社会组织的内容和服务体系，有效提升联盟成员的运作能力。在各环节和各阶段加强枢纽型组织的能力。对社区青少年社会工作而言，青年社会工作组织的整体竞争力有助于其实现全面、健康地发展。

（三）增加资金来源渠道

与资金来源渠道多元化的国外社工机构不同，政府购买是我国青少年社会工作组织的资金的主要来源，渠道相对单一。对此，青少年社会工作组织应当重视对自身"造血"能力的提升。

第一，可以增设丰富的服务项目，并增加收费项目。例如，部分青少年社会工作者具有一定的心理咨询专业资格，可以利用这一优势开展"心理咨询课程"，增加组织运营的资金来源。例如，每周抽调1至2名心理专业的辅导人员，通过预约的方式，为有需求的青少年或青少年的家长提供付费咨询服务。

第二，可以加强与企业的合作。资金及初步的关于服务项目的设想，都可以由企业提供，而立足于此种需求设想，青少年社会工作组织则可以进行项目的策划和实施。案主受到来自企业和青少年社会工作组织的帮助，实现三方的共赢。对于案主来说，有利于其获得专业帮助和社会关注；而对于青少年社会工作组织来说，则有利于自身经验的积累、专业能力的提升，实现自身成长；对于企业来说，则有助于更好地履行自身所担负的社会责任，同时也有助于提升自身在社会公众心目中的知名度。综合来看，企业捐赠有着非常大的发展潜力。

平等的政社关系，政府的简政放权落实，信任社会工作组织机构自身具备合理使用资金、提供专业服务和整合资源的能力，是青少年社会工作组织构建多元化资金来源渠道的重要前提。机构自身也应该与案主建立有效的专业关系，加强社会工作组织间的资源共享等。

（四）提高青少年社会工作组织的专业水平

青少年社会工作组织应加强对政府资源的"反依赖"。所谓"反依赖"，顾名思义，是指社会工作组织以社会工作专业活动在社会公众中的吸引力和影响力为依托，对政府形成有效的"反向依赖"手段，使政府对其产生依赖，进而使得社会工作和政府之间形成最为合适的合作形式，相互依存。当前青少年社会工作已经开始从志愿服务向着专业化的方向发展，作为独立存在的团体组织，青少年社会工作组织拥有自己的价值观和目标。而要实现特定的组织目标,就要建设标准化和制度化的组织结构,并采用普遍的行动规范。从这个角度看,独立和自主是社会工作组织存在的前提,是确保青少年社会工作组织专业化的基石,而专业化是社会工作吸引和影响政府的有力保障。

社区青少年社会工作组织的主要任务是为公众服务,服务过程是与案主交流的过程,组织的服务目标可以根据人力资源和社区工作者的专业水平来实现。社会工作组织最为宝贵的便是人力资源,对于社区青少年社会工作组织而言,人力资源更是专业服务质量的重要内部影响因素。故而,对于人力资源的决定性作用,社会工作组织应当有所认知,并高度重视,不断提升自身的专业素质,促使人才队伍素质的提高。

提高社区青少年社会工作组织的专业水平可以从以下几个方面入手:一是建立健全薪酬激励机制,调动青少年社会工作者的积极性;二是加强与高校的合作,与提供社会工作专业的高校建立长期合作关系,从源头解决人才问题;三是增加对青少年社区工作者的职前和定期培训,建立科学系统的培训体系,将更多的学习机会提供给员工。通过培训,不仅可以提高社区工作者的专业技能,而且还可以提高组织的服务质量。

(五)加大对青少年社会工作的舆论宣传

当前青少年社会工作组织缺乏群众基础,有必要加大对青少年社会工作的宣传力度。

一方面,政府可以强化对各种新旧媒体的影响,如通过地方电视台、广告牌、微信公众号、微博等,对社会工作观念、青少年社会工作组织等相关知识进行宣传,在互联网和现实社会中塑造出友好的舆论氛围,提升整个社会对于社会工作以及社会工作组织的认识和了解水平。要进一步强化宣传推广、学习报告青少年社会工作组织,特别是其中具有普遍性和典型性的工作内容,从真正意义上提升公众对于社会组织、社会工作和社会工作人才的认识水平,让社会认同并支持青少年社会工作组织的专业作风和工作,同时也有利于激发社区工作者对于工作的积极性以及挖掘社会工作者的工作潜力,创建有利于社会工作者发展、成长的良好环境。

另一方面,社区青少年社会工作组织可以利用张贴宣传报、分发宣传单的方式在社区内开展社会工作活动,如每年三月份的国际社工日,可以促使青少年和家长认识能带来乐趣的社会工作,对青少年所面临的种种问题也起到切实的帮助作用；还要强化对互联网的应用，综合利用新兴宣传模式，对社工服务理念进行传播；在开展活动时，社工队伍也要注意对帮扶事迹的宣传，以实现对社会公众的感染和号召，促使更多人投身社工事业，同时也有利于对社工组织理念的传播，促使社会对社工事业的认同度的提升。

第二节 社区老年人社会工作

一、社区老年人社会工作的界定

社区老年人社会工作是指以价值理念为指导，运用社会工作理论、方法和技巧，为老年人提供社会保障与社会服务，解决老年人社会问题的专业活动。社区老年人社会工作主要采用个案工作、小组工作、社区工作三大专业方法对老年人开展身体健康的锻炼、精神问题的解决、认知情绪的处理和社会支持的强化等服务，从而满足老年人的实际需求，改善老年人的生活现状，实现老有所养、老有所医、老有所乐、老有所学、老有所为五大目标。与其他社区工作相比，老年人社会工作具有综合性、服务性、专业性等特点，遵循坚信老年人成长与改变的信念、承认老年人与社会整合的重要性、心理协助与资源提供相结合、充分发挥老年人社会功能的四大事务性原则。常见的老年人社会工作理论有社会撤离理论、活动理论、连续活动理论、互相作用理论、年龄分层理论等。

二、社区老年人社会工作的优势

（一）社会工作理念的倡导

社会工作专业价值理念源于社会的价值观，并成为社会工作的精神源泉，不仅体现了社会主流思想，而且还包括专业价值观念。社区工作者强调以利他主义为指导，帮助案主解决困难，恢复其弱化的社会功能，协调人与社会发展，促进社会公平正义。在漫长的社会发展过程中，社会工作开始强调关心和尊重个体的差异性与平等性，并认为人际关系与人群内部关系是有效的变革工具。作为一门以人为本的学科，社会工作注重人的发展与服务，以人的发展为目标，以专业的科学知识与技巧为基础，整个服务过程以人为核心。因此，社会工作的专业理念在推进社区参与中发挥着重要的倡导作用。

（二）社区工作者角色的指引

在不同情形中，社区工作者应当充当相应的角色，分别有领导者、倡导者、资源链接者、协调者等，发挥其应有的作用。在介入过程中，社区工作者的角色会随着时间、地点、案主的不同情况而发生转移，这些角色可以同时存在，有互通关系。在城市老年人社区参与中，社区工作者扮演多种角色，在提供服务时，以案主为中心，鼓励倡导老年人参与，链接更多社区资源、培育及壮大社区社会组织等发挥显著作用。为老年人积极参与注入了新活力，充分利用社区现有资源，提高老年人的生活质量，促进老年人的社区参与。

（三）社会工作专业的现实作用

社会工作专业强调"助人自助"，助人同时也是自助。其中，助人指的是个人或群体出现困难时，社区工作者为其提供专业的服务；自助是利用社会工作专业来整合社会资源，挖掘自身潜能，推动个人的发展。在社区参与中加入社会工作，有一定的现实作用。从个人层面而言，能帮助老年人更好地实现自己的人生价值，对建设和谐的老龄化社会具有重要意义。从社区层面而言，社区工作者通过专业服务方法协助老年人提高社区参与能力，同时，充分发挥社区志愿者的力量，为社区提供更好的服务，符合"助人自助"的社会工作理念。从社会层面而言，推动社区养老模式替代社会养老机构，不仅可以减轻子女的赡养负担，有利于家庭和谐稳定，还能有效地节省国家的社会资源投入，实现资源利用最大化。

三、社区老年人社会工作的优化策略

（一）社区方面

1. 了解社区社会组织的实际情况

社区社会组织的发展是一个循序渐进的过程，社区内已存在的社区社会组织可能处于不同的发展时期。社会工作者首先要了解组织的现状，根据社区社会组织的需要，搭建组织框架，要具体问题具体分析，有针对性地开展服务。同时，社会工作者要明确居民才是社区组织的主体，要提高居民的参与度。

根据前期的调研和已有资料，可将社区社会组织的发展类型归为三类：一是已经形成的较成熟的社区社会组织；二是处于萌芽阶段、较零散的社区社会组织；三是未形成的社区社会组织。针对不同的社区社会组织，要搭建社区社会组织运行的大框架,组化每种类型社区社会组织的发展阶段和方式,并不断完善框架。整体把握社区社会组织建设的进程,按实际需求制定服务方案。

2. 加强社区社会组织的培育

社区社会组织在社区治理中具有重要的作用,是居民自觉参与、实施社区治理的重要依托,是推动社区治理的内生动力和活力源泉。社区社会组织,是由一群有共同需求,面对共同问题及困难的人群组织起来,互相接纳及认同,获得鼓励及提升自信,发挥自助及互助功能,提供多元化的互助支持的机构。社会工作者应当将社区社会组织本身作为一种社区资源,通过对社区社会组织的培育,增加社区老年人的社区参与载体的选择。在社区社会组织的发展过程中,在优势理论的指导下,对社区社会组织建设的服务过程就是挖掘与激发社区居民自我潜能的实践过程。在社区社会组织的发展过程中,要不断挖掘居民的潜力,最大化利用资源,强化居民自我服务管理的意识,提升居民自我服务能力和管理能力。社会工作者由组织者的角色转变为引导者,更多发挥组员的潜能,充分激发居民的创造力,居民来自社区,更加清楚社区的设计需求,可以开办更符合社区特点的活动,创新形式,发挥社区社会组织的作用;引导居民学习良好的社区发展模式,借鉴其他完善社区的经验,增强居民的自我管理意识与社区归属感,共同促进与支持社区社会组织的运营与服务。在社区社会组织建设过程中,社会工作要坚持平等、尊重、接纳的服务理念,以案主的利益和需求作为前提,改善社区问题,促进问题的解决。不断地反思和总结,才能促进社区社会组织服务水平不断提高,并继续维持。

3. 维系与社区社会组织的关系

社区是建设社区社会组织的重要场所,是影响社区社会组织发展的重要因素。在社区社会组织建设推进的过程中,要维持好与社区内其他组织的良好关系,这样社会工作者才能够链接到更多的资源,获得更多的支持和帮助,从而减少开展工作的困难。社区内有物业和社区居委会,要与之建立良好的关系,将之作为资源储备,获得他们的支持和帮助。社区工作者应该熟悉社区内有哪些可利用的资源,包括有形及无形资源、内部及外部资源,以及它们的获取途径和方式。在社会工作者开展专业服务活动过程中,可以请社区工作者担任资源链接者的角色,帮助社区社会组织链接更多的资源,获取更多的支持。

(二)案主方面

1. 注重专业服务的辐射面

社会工作服务介入老龄化程度高的社区时,可以利用老年人的家庭中心作用,将专业服务的辐射面扩大,即让更多的社区居民参与到服务活动中,从而加深服务的成效影响。比如,可以从"活动策划"和"活动宣传"两个方面着手。"活动策划"是指在设计相关活动时,更加重视活动的连带性和传递性,可以设计家庭单位类的活动和家庭作业类的活动,加强家庭成员的合作交流,增强家庭的内部凝聚力,增强家庭成员对社区工作的支持。"活动宣传"是指通过在社区内张贴海报、发宣传单,在网络上推送活动相册、视频、简报等数字产品,在微信群发布公告等多种方式广泛宣传,逐渐辐射社区内更多的人群,更好地促进老年人及其家庭成员一同参与社区事务。

2. 平衡老年人社区参与性别

通过对前期的参与现状调研、活动观察、社区社会组织人员的招募发现,老年人参与社区活动以女性为主,存在社区参与性别不平衡的问题。社区参与性别不平衡的原因可以从两个方面来分析:一个方面是男性老年人和女性老年人的思维方式和交际行为的区别;另一个方面是因为召集女性老年人比召集男性老年人容易,社区工作者为了满足活动人数要求,而导致了此问题愈演愈烈。社会工作者可以从"活动设计"着手解决社区参与性别不平衡的问题,在活动设计中模糊性别的功能性区别,例如,在设计活动时,避免出现召集案主时的性别倾向暗示,少设计具有明显女性性别特征的剪纸、烤饼干、跳舞、针织类活动,多设计男性老年人喜闻乐见的活动,调动其参与的积极性,再逐步引导其参与社区事务。

3. 重视社区老年人的主体作用

社区居民作为社区社会组织的主体,是建设社区社会组织的关键所在,然而,在老龄化严重的社区,社会工作在介入服务时,应当重视社区老年人的主体作用,以老年人需求为本,开展老年人真正需要的活动。因此,在社会工作介入社区社会组织建设过程中要尊重社区老年人的主体作用,以解决改善老年人所关心的社区问题、满足老年人实际需求为服务目标,充分调动老年人的社区参与积极性,提高老年人的社区事务参与度,增强老年人主动参与社区活动的意愿。同时，社会工作者可以为社区社会组织内多提供一些发挥居民自主性的机会，包括具体活动的策划安排、内部管理，提升社区社会组织的影响力，使社区社会组织能够顺利地维持和发展。

4. 促进社区老年人的再组织化

再组织化是相对于"去组织化"或"非组织化"的概念，主要是指随着社会经济体制的改革，"单位制"逐渐解体，旧式的单位化体制日趋丧失了其组织社会以及提供社会支持和社会服务的功能，大量的公民游离于社会组织、社会支持和社会福利体系以外，因而产生了一系列的社区管理问题。为了解决这些问题，政府或社区通过发展社会组织，培育社会工作人才队伍，构建新社会服务体系，使得这些公民再组织化，从而最大限度地激发社会活力，促进社会的高度整合。徐永祥认为，大力发展社会工作机构，建设宏大的社会工作人才队伍，既是保障和改善民生、倡导社会理性、促进社会和谐与公平正义的必然要求，也是完善社会管理、改善公共服务与社会服务、促进民间社会组织健康有序发展、提高社会的再组织化程度的有效途径。

促进社区老年人的再组织化，社会工作者可以通过专业工作方法以实际需求为导向，将社区内的退休老年人聚集起来，引导其参与社区社会组织，并且经过系统的培训和程序，提升其社区参与的能力。同时，社会工作者应当协助社区社会组织针对老年人制定一套自我管理制度，使之正式化和正规化，加强其社区参与的意愿。

5. 重视特殊老年人群体的社区参与作用

特殊群体作为社区参与的特殊主体，享有平等的社区参与权利，拥有社区事务治理的独特性意见，其作用和重要性不可忽视。针对特殊老年人群体的社区参与问题，社会工作者应当持有"积极正常化"的观点。首先，对于残疾老年人群体，应当主动了解其对于社区事务的意见和诉求，例如社区无障碍设施的设置、修缮。其次，针对患病老年人群体，应当发挥社区志愿医疗队的作用，可开展老年人慢性病管理、就医陪同、协助取药等服务。最后，针对随迁老年人，应当在日常活动中充分调动其积极性、倾听其所需、建立与社区居民的沟通交流平台，促进合作与交流，避免群体孤立现象的出现。如果服务的社区中有租户群体，社会工作者应当积极引导租户群体参与社区事务，可以搭建业主和租户的交流平台、组织社区开放性活动等，从而加强业主和租户的沟通了解，提升租户的社区主人翁意识，增强社区的凝聚力。

(三)社区工作者方面

1. 注重社区工作者自身的角色调适

社区工作者在工作开展的过程中,其角色不是一成不变的,而是根据案主和目标的变化而变化的。在组织发展的不同阶段,社区工作者扮演着不同的角色。在社区社会工作中,社区工作者可以是个案工作者,是支持者、资源链接者、教育者,也可以是倡导者、引导者等。在促进老年人社区参与的服务中,在不同的服务阶段里,社区工作者所开展服务的重点不同、所扮演的角色也不同,所运用的社会工作服务技巧也不同。在个案工作中,社区工作者要充分挖掘社区老年人的潜能和参与积极性,帮助社区老年人增强社区参与的能力。通过建设社区议事厅,可以使社区老年人在社区活动过程中持续提升参与意愿与参与能力。社区工作者可利用小组工作方法,搭建一个可供社区老年人沟通交流的平台,拉近老年人之间的距离,发现和自己有共同爱好和需求的同伴,从而获得友谊和关怀,加强老年人的同伴支持。通过小组活动,形成小组契约,来增加社区老年人之间的熟悉度,建立老年人与社会工作者之间、老年人之间的信任关系,形成一种和谐的良好氛围,并且实现志愿服务引导。社区老年人社会工作以促进老年人的社区参与为主要目标和出发点,前期通过调研和实地走访确定影响老年人社区参与的问题与需求,整合和链接社区资源,从而更好地促进社区老年人对社区归属感、认同感的提高。后期可以引导更多的社区老年人在社区社会组织的平台上自我组织起来,实现自我帮助、自我管理和服务,促进社区的和谐发展。

2. 坚持行动研究的方法

社会工作服务项目在开展专业服务活动时,需要坚持行动研究的方法,即一边开展服务促进老年人的社区参与,另一边不断反思,在社会工作专业服务的供给过程中,不断地进行探索与创新,从而提供更多有益、有效的活动方案,使社会工作专业服务能更好地促进老年人的社区参与。在反思研究中发现社会工作专业服务供给中存在的不足之处,及时改进。社区老年人社会工作中可能存在社会工作介入社区社会组织推进过程中仍不能很好发挥作用或是作用较小的情况,需要社区工作者不断地反思和改进,提升服务质量和效果。

第三节 社区妇女社会工作

一、妇女相关概念的界定

"妇女"的概念与"女性"类似,指的是具有共同生理和心理特征、特殊利益和需要、有别于男性的性别社会群体、人口社会群体。"妇女"作为人类两种生理性别中的一种,与男性性别相反。根据刑法可知,"妇女"的定义为年满 14 周岁的女性,不单纯指已婚妇女。"妇女"代表了社会中所有具有女性生理特征和功能的人类群体。宪法规定,中国的女性与男性有平等的政治权利;妇女与男子享有平等的选举权与被选举权;有平等参加管理国家事务和担任国家公职的权利等。1949 年 3 月,中国妇女联合会的成立表明了国家对妇女解放事业的重视,妇联作为妇女的"娘家人"一直为保护妇女权益、增强妇女素质不断努力着。从 20 世纪 90 年代开始相继发表的《中国妇女发展纲要》也说明中国政府对于提升妇女地位的不懈努力。

二、社区妇女社会工作的特点

(一)关注妇女的多样性

社区妇女社会工作的案主是妇女群体。妇女不是一个单一性的整体,有多样性,她们的民族、年龄、宗教信仰等均不同。多样性决定了妇女需要和问题的差异性,也决定了服务内容和工作方法的多样性。因此,在工作中要遵守社会工作中"个别化"的工作原则,尤其是针对妇女开展社会工作的时候,既要运用性别视角分析妇女问题,同时其他的视角也不可缺少。

(二)案主规模庞大

不同的社会工作服务领域都有其特定的案主群体,其规模的大小由服务对象人数占总人口的比例而决定。在众多社会工作实务领域中,妇女社会工作是案主规模最庞大的实务领域,因为女性人数一般都占到总人口的一半,无论是年幼的、年轻的、还是中年的、老年的,只要是女性,都是妇女社会工作的案主。这一特征是其他社会工作服务领域所无法比拟的。

(三)服务内容往往与婚姻、家庭问题相关

许多国家和地区的实践表明,社区妇女社会工作的具体服务内容往往与婚姻和家庭问题相关。这是因为,在现代社会,婚姻和家庭发生变故的概率大大增加,而女性往往是这些变故的利益受损者。例如,在重婚等婚姻现象中,女性的婚姻合法权益往往受到损害;在婚姻已经破碎的家庭中,单亲母亲往往承担抚养子女的主要责任;在家庭暴力事件中,受害者往往是女性。因此,为在婚姻和家庭生活中权益受损的女性提供辅导服务和权益保护,成为社区妇女社会工作中占比最高的工作内容。

(四)核心目标是创造男女平等的社会环境

虽然许多法规赋予女性同男子一样平等的法律地位,但是现实生活中仍存在许多歧视、轻视和不公平对待女性的现象,例如,一些地方存在遗弃女婴的现象;失学女童比例高于男童;就业方面存在对女性的性别歧视;工作分配方面存在男女同工不同酬现象;在家庭分工中,女性往往是家务劳动的主要承担者;在家庭暴力事件中,多数受害者是女性;一些地方存在拐卖妇女的现象等。所有这些现象说明,社区妇女社会工作的核心目标是创造一个男女平等的社会环境,让女性有同男性一样的生活和发展的机会。

三、社区妇女社会工作的发展方向

(一)不同地区均衡发展

要从政府层面推动社区妇女社会工作的发展,就要呼吁政府加大投入,特别是对于中西部相对落后的地区,更要确保组织有经费、有人手,进而为基层的妇女提供需要的服务。

(二)做好妇女社会工作建设

坚持社会工作专业的标准,整合社会各方面资源,着力体现妇女在工作中的优势,努力实现妇女的未来发展,并提高妇女的维权意识,在真正意义上推动中国妇女社会工作专业化的进程。

(三)鼓励机构人员和高校研究人员合作

分析我国当前社区妇女社会工作的状况,才能更好地从现状出发,针对现

实存在的问题切实推动社区妇女社会工作的发展和进步。

当前我国正处于社会快速转型和发展的重要时期，随着人民思想观念的不断改变，妇女的各方面需求日益丰富，男女平等观念深入人心，社区妇女社会工作的转型是转型期的重要变化。

因此，抓好社区妇女社会工作的转型，针对现状提出合理对策，进一步推动社区妇女社会工作的开展，扫清当前障碍，为新时期社区妇女社会工作提供良好的大环境是社区妇女社会工作转型的关键点。

四、社区妇女社会工作的干预策略

（一）家庭暴力问题的介入策略

家庭暴力是指行为人以殴打、捆绑、残害、强行限制人身自由或其他手段，给家庭成员的精神、身体等方面造成一定伤害后果的行为；是指在共同生活中，家庭成员对另一成员直接或间接实施的暴力行为。其所造成的伤害包括身体上的、精神上的以及对当事人各类权利的限制与侵犯。家庭暴力问题的特征：受虐妇女综合征、暴力循环性、暴力正常化。家庭暴力问题的干预策略：促进相关立法及法律完善；为受暴妇女提供各种形式的服务；建立受暴妇女支持小组或家庭暴力庇护中心；开展反对家庭暴力的综合干预行动，建立多部门合作机制。拓宽妇女维权的途径：宣传多种维护妇女权益的知识；调查研究妇女权益状况，为健全和落实权益保障立法提供事实依据；监督妇女权益的落实状况。

（二）针对失独家庭的介入策略

社会层面：倡导保障适度家庭的社会政策不断加强和完善。社区层面：通过社区公共教育，让社区居民认识到失独家庭的困境，营造对这个群体尊重、关怀和帮助的氛围，帮助其解决遇到的实际困难，并提供家庭所需的服务；鼓励和动员这些家庭参与社区活动。家庭层面：通过家庭工作，提供心理辅导，鼓励夫妻相互支持和帮助，给他们心理辅导。

第四节　社区流动人口社会工作

一、流动人口概述

（一）流动人口概念的界定

由于欧美国家市场经济体系完善、人口流动较为自由，人口的跨区甚至跨国迁移极为频繁，因而在这些国家的相关学术研究中，"人口迁移"或者"迁移人口"的概念更为常见。根据常用定义，人口迁移是指人口在一个地区单元同另一个地区单元之间进行的空间移动或区域移动的一种形式，其主要特点是跨行政领域的迁移与常住地址的变更。进行迁移决策、履行迁移行为的人口即迁移人口。在国内学术研究中，人口迁移与迁移人口的含义与国际学界的定义大致相同。人口迁移被分为两类，一类是国际迁移即跨越国界的长时间移动，另一类是国内迁移即国界之内的长时间移动。

不过人口迁移的相关研究在国内并不多见，因为我国特有的户籍制度和城乡二元结构的背景，人口迁移的特征明显不同于其他国家，因此我国学者大多采用"人口流动"和"流动人口"的提法，这些提法也因此具备了中国特色。在我国，人口流动是指人口短时间离开其户籍所在地的迁移行为，而国外的人口迁移是指长时期乃至永久离开原所在地区，一般指代移民群体的迁移。总的来说，定义"流动人口"或"人口流动"应当依据两个基本要素，一是户籍不变，二是时空改变。

（二）流动人口相关理论

1. 人口迁移的推拉理论

在人口迁移决策理论中，推拉理论是目前国内外学者运用最多的理论方法之一。1889年，英国学者雷文·斯坦通过分析一些欧洲国家的数据，提出人们产生迁移行为的目的是改善自己的经济状况。在此基础上，美国学者鲁道夫·赫伯尔于1938年首次提出人口迁移的推拉理论，该理论建立在"理性人"和"完全信息"两个基本假设的前提下,提出人口发生迁移的行为是在流出地的推力和流入地的拉力共同作用下的结果。流出地的推力包括流出地恶劣的自然环境、稀缺的土地资源、较低的工资收入和落后的基础建设等；拉力因素则包括流入地良好的居住生活环境、较高的收入水平、较多的工作机会和完善的基础设施建设等。1959年,美国学者唐纳德·博格在赫伯尔的研究成果的基础上,更深层次地阐述了推力和拉力的影响,并首次提出了"推拉模型"。1966年,美国学者李在上述三人的基础上对"推拉模型"进行了更深入的总结和补充,不仅分别考虑了流入地和流出地同时存在的推力因素和拉力因素,而且还在模型中引入了中间因素和迁移者的个人因素。其中,中间因素包括户口性质、户籍制度的障碍、户籍地与流入地的地理距离、文化与方言距离等；个人因素则分为个体层面和家庭层面,个体层面的因素包括性别、年龄、婚姻状态、受教育程度等,家庭层面的因素则包括配偶的随迁情况和工作情况、子女是否随迁和基础教育情况以及在流出地的家庭成员的健康状况等。

2. 成本—收益理论

1962年,美国经济学家舒尔茨从人力资本角度出发,将人口迁移行为的影响因素归结为成本和收益两个方面,形成了成本—收益理论。该理论认为,人口迁移的实质是"理性人"追求利益最大化的过程,当人口从流出地迁移所带来的收益大于成本时才会发生迁移行为,而在这里,迁移所带来的收益不仅包括经济收益,而且还包括心理层面的收益和人口从流出地迁出之后带来的人力资本的增加。经济成本不仅包括经济投入,而且还包括远离流出地的心理成本和机会成本；考虑到流动后的居留收益和居留成本,按成本的形式分类则包括货币成本和非货币成本。货币成本主要包括因外出务工或经商的流动人口在流入地的居住成本、流入地与流出地物价水平和消费习惯不同所导致的生活成本增加、返乡探亲和不断迁移的交通费用；非货币成本主要包括享有土地经营权的流动人口所放弃的经营农村耕地的收益、放弃熟悉的环境和与亲人分离带来的孤独感、刚进入流入地的流动人口寻找工作产生的搜寻成本等。

3. 新迁移经济理论

传统的以个人为决策主体的迁移理论不能很有力地解释人口的家庭化流动,而新经济移民理论的提出对人口的家庭化流动做出了进一步解释。该理论以推拉理论为基础,侧重以家庭为决策主体,更加强调个人行为与家庭决策行为之间的相互影响，并认为家庭化迁移不仅仅只为了使得家庭预期收入最大化，还为了最大限度地降低家庭风险，进而使得整个家庭利益最大化。

该理论认为，家庭出于经济约束、风险转移和相对贫困的原因会产生迁移行为。

经济约束是指欠发达地区的资本积累水平、社会福利保障、整体经济环境不足以满足个人及家庭的发展，进而产生人口迁移行为。

风险转移是指由于迁出地的第三产业比重较低，人们以发展农业为主，当自然环境较为恶劣时，家庭面临的风险增大，为降低家庭风险，部分或全体家庭成员为增加家庭收入，提高家庭抗风险能力，选择外出务工。

相对贫困是指家庭在做出迁移决策时，不仅考虑预期收入的绝对值，而且也会考虑与周围人群收入水平的相对值，如果自身收入水平低于参照群体，则会产生"相对贫困感"，在此情况下更容易产生迁移行为。

4. 二元经济结构理论

20世纪50年代，英国发展经济学家刘易斯提出了"二元经济结构理论"，将人口迁移研究提升到了经济学学术研究的一个颇为重要的地位。刘易斯依据这一理论深入研究了乡村剩余劳动力的流动问题，以及乡村人口向城市迁移的问题。

根据"二元经济结构理论"，一个国家的经济可以分为两个部门，其一是现代工业部门，其二是传统农业部门，两个部门在收入与经济结构上都存在显著差异。工业与农业部门之所以会出现劳动力的转移，正是因为结构性差异的存在，两个部门劳动力的转移又成了乡村人口迁移流动的推力。只有在提高第一产业劳动生产率的前提下，剩余的农村劳动力才会出现，这部分劳动力才有机会流入第二产业和服务业部门。因此，推动乡村第一产业发展，将有助于农业人口向城市的迁移。

此外，像我国这样城乡差异显著的发展中国家，在经济发展的过程中，要着重发展现代大工业，如此才能吸引因农业生产率提升而面临隐蔽性失业的农村劳动力，使得经济发展转换为稳定增长，收益递减转换为收益递增，找到脱贫致富的正确道路。因此，对于我国城乡人口流动的情况，二元经济结构理论具有相当高的学术价值。

二、社区流动人口社会工作的必要性

社会工作，亦称社会事业，是各种社会福利事业和社会服务工作的简称。社会工作是一项助人的工作，相对于医学关注人类生理运作、心理学关注个人心理现象，社会工作的焦点则是人类与环境的互动，目的在于协助个人、家庭、团体、社区适应所在社会环境的脉络，增强或恢复其社会功能的能量，创造有利于达成目标的社会条件，以预防或舒缓社会问题。学习型社会建设离不开全体社会成员的参与和贡献，流动人口自然也不例外，为此，社区流动人口社会工作尤为重要且必要。

（一）改善流动人口社区教育边缘化的状况

当前，我国的人口流动主要是经济快速发展和城镇快速扩张的结果。在很多城市，流动人口基本租住在城乡接合部或城中村，他们的居住场所围绕着工作场所经常发生变动。这种居住的不稳定特征为社会工作带来严峻的考验。尽管社区教育属于大众化教育，但各地在推动社会工作过程中基于依赖政府财政投入的缘故，在确定社区教育对象时主要还是以户籍人口和固定居住人口为主，而流动人口往往存在很多不确定性因素，很难被纳入年度社区教育统一规划的教育对象中。因而，在当前社区社会工作专业化发展还比较缓慢，且社区工作者队伍建设还较为滞后的前提下，流动人口社区教育需要发挥社会工作"助人"优势，为流动人口提供切实的教育服务，使流动人口在学习、就业、生活等方面获得实质性的帮助，这无疑有利于流动人口"不流动"或"减少流动"，增强社会的稳定性，推动和谐社会、学习型社会建设进程。

（二）满足社区流动人口稳定和就业等方面的需要

社会工作具有利用、整合、协调社会教育资源的优势，能更好地为社区流动人口社会工作提供实效性服务。这主要体现在两个方面：一是政府依法对相关社会事务进行规范和协调，实现公共资源在"助人自助"上的有效利用，促进社会的自我规范、自我调节、自我稳定；二是社会组织、机构和团体利用自身资源，在提供公共服务、促进社会稳定方面发挥积极作用。鉴于流动人口的结构和居住特殊性，仅仅依靠政府服务往往在渗透力上显得后劲不足，这时候就需要社会资源进行及时弥补。社会工作服务触角也可以深入各个角落，在社区流动人口教育资源整合和运用上能发挥其他机构无法起到的作用，因此，政府服务和社会工作服务在流动人口社区教育上能做到相得益彰，使流动人口在就业和稳定上获得实质性的帮助。

（三）满足社区流动人口素质提升的需要

我国当前的流动人口主要包括农民工，也包括户籍在城市但长期在户籍地之外的城市从事务工、经商、社会服务等各种经济活动的居民。改革开放之前，我国人口流动频率较低，农村、城市人口维持较为稳定的比重。改革开放以后，我国呈现农村人口向城市快速迁移的现象，且以外出务工人员为主，流入地以城镇为主，这些人大部分无技能、文化程度低。提高流动人口素质需要全社会的关注和投入，社区工作者可以利用自身的专业理论优势，发挥重要作用。与基于行政管理和事务管理的流动人口工作不同，社会工作有着其专业的理论，如社会支持理论、优势视角理论、需求层次理论、一般系统理论、人际需要理论等。这些理论不仅可以增强流动人口的信心，获得来自各个层面的支持，而且可以帮助流动人口发现其自身的优势，为找到适合自己能力培养和专业提升的路径打下基础。同时，社会工作通过系统地解决流动人口在进入学习和工作地区之际遇见的一系列问题，帮助他们更好地适应所在地的生活和工作环境。

三、社区流动人口社会工作的优化策略

（一）立足优势视角

优势视角作为一种社会工作实践的新模式，强调以正面、积极、优势的视角去看待案主及其处境，挖掘潜藏在案主及环境中的资源和能力。与常住人口相比，流动人口在很多方面处于劣势，如自身教育水平和子女教育、从事的职业和家庭人均收入、社会地位和个体形象等。但从主体特征和发展角度看，流动人口吃苦耐劳、上进心强、适应性强，有意愿也更有能力提升自己和建设幸福家庭。而且流动人口来自全国各地，相互之间在工作、学习等方面能做到取长补短、共同进步。因此，流动人口虽然可能面临工作、学习、生活中的较多难题，但从优势视角出发，流动人口有着不可忽视的积极力量，优势视角的核心动力恰恰是振奋人心的希望，它可以发现个人、家庭或群体的幻想和梦境。环境、噩运、不幸的决定、处于生存边缘的生活，当前可能令人喘不过气来，但是，正是这种摇曳闪烁的可能性的光亮能点亮希望的火焰，激发出积极改变的动力。

基于这种理念，学校和社区应分析流动人口的现状和优势，以此为切入点进行服务内容和形式的设计及实践，帮助流动人口获得实质性的支持、挖掘个人潜能、发展多边人际交往、热衷于社区义务活动、被认同和赞赏等，使流动人口在观念转变和身份认可中养成自信心、坚定理想，从而以积极向上的心态参与到社区教育的各种活动中。

（二）满足流动人口的教育需求

需求是一种导向，更是一种动力，无论何种服务都离不开需求。社区教育活动中，如果流动人口参与率不高，除了信息缺失、时间空间限制、关注度低等原因外，更多的时候则是活动内容和形式对流动人口来说没有关联、活动与其需求匹配不够。

因此，社区工作者必须以需求为导向，深入流动人口中进行问卷调查和走访座谈，了解流动人口对当前社区教育活动的看法和评价，掌握流动人口在社区教育课程设计、活动形式、服务支持等方面的愿景，同时需要发掘与整合政府机关、企事业单位、社区、公共场所等在内的各项资源，基于就近原则积极寻求资源的结合点，形成完善的纵向贯通、横向联合的社区教育资源网络体系，为流动人口教育需求达成创造便利的条件。

此外，还需要在社区内建立需求反馈机制，以便于社区工作者根据流动人口对各类活动和需求满足度的反馈进行服务内容和形式的修正，这样有利于介入工作不断趋向完善，也使流动人口融入社区、融入社会的结果更加完美。

（三）建设专业化的社区工作者队伍

从表象上看，社会工作仅仅是为他人提供帮助，工作性质简单，似乎只要掌握施助资源，任何人都能胜任。但从本质上看，社会工作具有一定的专业性，从事这类工作的人员需要通过系统的培养或培训才能上岗，毕竟受助者的多样性、复杂性和工作过程的持续性、工作场景的多变性使社会工作具有很多不确定因素，没有专业背景的人员很难顺利地开展工作。合格的社区工作者必须掌握综合性的专业知识和专业技能，以适应各个年龄层次、各类不同人群受助者的需求。因此，加强对现有社区工作者队伍的建设，通过培养和培训的方式提升队伍的专业素质，提升队伍的社会工作能力，对于规范流动人口社区教育，使流动人口获得持续、稳定的教育服务，显得非常重要。首先要整合现有的人力资源。当前社会工作者队伍比较多样化，如师资队伍、管理员队伍、志愿者队伍等，要充分挖掘这支队伍中具有社会工作潜质的人员，鼓励他们从事流动人口社区教育工作。其次是组建金字塔型社区工作者队伍。塔顶为县（市、区）级专业社区工作者，需要接受过社会工作专业培养或高校社会工作专业毕业，一般由2到3名人员组成，主要负责本区域流动人口社区教育的规划制定、教育研究、整体部署、工作指导等；中间层为街道（乡镇）级社区工作者，各街道至少有两名从事社会工作的人员，组成20名以上中间层工作者队伍；基础层为各社区（村）级社区工作者，组建由若干人构成的基层社区工作者队伍，人员多少根据所在区域流动人口的规模确定。

第五章　城市社区的社会工作

　　城市社区发展是社会发展的重要基础，特别是在城市化进程加快的今天，城市社区经济发展对整个社会的发展与进步有着极大的推动作用。随着我国社会的转型，城市社区的社会问题也越来越突出，这些问题大多集中在社区范围之内，这就需要调动社区的资源，发挥社区的力量加以解决。因此，如何做好城市社区社会工作，对于推进社会现代化强国建设就显得尤为重要。本章分为城市社区与城市社区社会工作、城市社区社会工作的主要内容两部分，主要包括城市社区概述、社区教育服务工作、社区志愿服务工作等内容。

第一节　城市社区与城市社区社会工作

一、城市社区概述

（一）城市社区的概念

　　学术界一般认为，城市社区是指在一定范围内从事与种植业无关的二、三产业类行业的，因拥有一定人口数量而形成的，结构复杂、规模庞大的生活共同体。

　　我国的城市社区是由自治单元、居住单元和管理单元组成的复合体，并与城市居民委员会的建立密切相关。目前，我国的城市社区的范围有五个标准：第一个是民政部的标准，其范围由居民委员会管辖；第二个是将街道管辖看作社区，如上海；第三个是以小区为范围的社区，在北京、上海、广州和深圳等特大城市，允许建立大型居委会；第四个是巨型住宅区的社区建设楼组模式；第五个是包括街道和商业区在内的社区。但是，根据民政部发布的《民政部关于在全国推进城市社区建设的意见》，我国目前城市社区的地域范围被界定为居民委员会的管辖范围，说明我国目前的城市社区是居民委员会管辖的社区。

（二）城市社区的特点

与农村社区相比，城市社区主要具有如下三方面的特征。

①人口密度较高。城市社区中无论是常住居民还是流动人口，其总量都远超乡村社区，这也就导致城市社区在人文、经济各方面都具有很大的多样性。

②组织结构相对复杂。相对于农村社区而言，城市社区中包含更多的组织和团体，规模、数量都不尽相同，其内部的组织建构也各有不同。

③社会人际关系网络较为错综复杂。城市社区较于农村社区存在着更复杂的关系网络，不管是在家庭中还是在工作中，每个人都扮演着截然不同的重要角色，而且人与人之间的关系也比较复杂。

（三）城市社区建设的发展历程

中国早期的社区建设可以追溯到20世纪20年代末30年代初出现的乡村社区建设运动，其中影响较大、持续时间较长的有以晏阳初为首的河北定县平民教育实验区运动。后来由于战争原因，社区建设工作没有继续开展。当代我国城市居民管理机构更多是以街道和居民委员会的形式存在的，学者普遍认为，从1949年至今，城市社区大致经历了三个发展阶段。

1. 第一阶段

1949年到1966年，城市基层政权和地域性社会群体自治组织建立与有效管理。1954年，中央人民政府内务部颁布了《关于建立街道办事处和居民委员会组织的通知》，要求各街道派出所改名为街道办事处；同年底，全国人大常委会第四次会议通过了《城市街道办事处组织条例》，全国才统一了街道办事处的名称、性质、任务和机构设置，居民委员会也进行了全面调整和改建。这样基本上形成了作为国家基层政权机构的街道办事处和作为地域性社会群体自治组织的居民委员会相互衔接的社会基层组织格局。

2. 第二阶段

1967年到1979年，城市基层行政管理瘫痪，街道办事处和居民委员会成为阶级斗争的工具。1979年后，街道办事处和居民委员会的职能得到恢复，其工作性质受到宪法的肯定和法律的界定。

3. 第三阶段

1986年,民政部首次把"社区"概念引入城市管理,提出要在城市中开展社区服务工作。1998年,国务院确定民政部在基层政权建设司的基础上设立基层政权和社区建设司,意在推动社区建设。2001年,国务院办公厅转发了《民政部关于在全国推进城市社区建设的意见》,此后,我国大中城市掀起了社区建设的高潮,在此基础上全国各大城市纷纷进行社区建设的制度创新,目前已经形成了上海模式、沈阳模式、江汉模式等具有代表性的社区管理模式。

二、城市社区社会工作实施过程

城市社区社会工作涵盖方方面面,宜因时制宜、因地制宜,以下以社会工作者初入一个具体社区需要逐步展开的工作为例予以描述。

(一)建立专业关系,整合社区资源

良好的专业关系是保证服务顺利开展的关键环节。社区社会工作依托社区资源展开,整合社区资源的过程是撬动社区多元力量参与社区建设和助力社会工作实务开展的重要环节。社区工作者在进入社区后需要与社区党支部委员会和社区居民委员会密切联系,获取社区的支持。通过拜访社区关键人物,利用其在社区内的威望和地位,获取更多居民的支持,为后期服务顺利开展奠定良好的基础。因此社区工作者在进驻社区后最重要的任务是建立关系,这其中包括与社区居民的关系、与社区工作人员的关系、与社区之间的关系等。而后进行资源的整合,来获取多方支持。

1. 寻求社区支持

初入社区,社区工作者可以通过走访、查阅地方志和网络报道等形式对社区的客观情况进行深入了解。社区工作者的一个重要工作是与社区工作人员建立专业关系,需要提前拟定访谈提纲与社区书记和其他社区工作人员预约访谈时间,围绕社区居民参与社区事务话题进行讨论。

首先,社区工作者阐述服务理念、服务方式、以往的服务经验和今后需要开展服务的方向,让社区工作人员了解社区工作者的工作能力和职责范围,明确社区工作者的身份和工作内容。

其次,在与社区工作人员的交流中了解社区一直开展的"月月有活动,周周有主题"的常态化服务活动,将其作为社区的重点和亮点工作。

最后，社区工作者希望社工服务与常态化服务两者之间相结合，切实提高居民的参与度和积极性，使社区服务精准化，形成人人参与的良好氛围。

以此为目标，社区工作人员对社区工作者开展的服务活动给予大力支持，对社区内功能场地布置、社区特色亮点的规划、社区人员构成、社区公约、以往居民参与社区活动的情况以及社区当前的工作方向进行详细的讲解。社区工作人员对社区工作者入驻社区表示热烈的欢迎，对政府购买专业的社会工作服务来完善社区基层治理表示大力支持。在后期的工作中，社区工作人员与社区工作者相互合作，共同提升社区参与的服务质量，朝着人人参与的共同目标前进。

2. 整合社区资源

资源识别是整合社区资源的首要任务。能够有助于居民社区发展、满足居民需求的资源均可视为社区资源。社区工作者根据前期与社区工作人员建立的专业关系，邀请社区工作人员共同探讨和分析社区资源，主要包括财力资源、人力资源、物力资源、文化资源和组织资源等。为了对资源进行更全面的整合和进一步促进与社区工作人员的关系，创新活动内容和活跃现场气氛，社区工作者可以采取"击鼓传花"的方式引导社区工作人员对社区资源进行分析。通过前期的资料收集、社区资源的分析以及社区工作者的讲述，对社区内的资源进行归纳与整理，形成社区资源指南。

财力资源是指未来从事各项服务所需支出的经费，主要来自政府专项资金、社区专项活动经费、社区工作者站活动经费、其他途径提供的资助等。

人力资源是指在社区内的社区工作人员、居民骨干、社区志愿者、社区积极分子或者在某方面有突出技能的居民和愿意贡献自身力量的人员，他们在居民心中有较高的威望，能够号召大家经常参与活动，起到带动居民的作用。

物力资源是指今后开展工作和各项活动所需的场地、设备、器材等。

文化资源是指社区现有的文物、风俗习惯和居民共同制定的"社区公约"，包括阅览室、文体活动室、影音室、小型舞台等公共资源，这些都是长期向社区居民免费开放的，可以成为社区发展的重要基地，可以为各种文化团队提供场地和硬件设施。

组织资源是指各种社会组织或团体，如基层政府、社会团体、自助或互助小团体等，又如社区广场舞队、葫芦丝演奏队、太极拳队、小合唱团、快板队等具有地方特色的居民团体队伍。

（二）构建邻里社团，拓宽居民参与渠道

为更进一步推动邻里关系的和谐，获取居民的支持和为后期开展工作做好充分的准备，需要借助前期社区工作人员和社区居民骨干的影响力进行宣传。对社区居民骨干开展赋权和增能提升培训会议，提升居民参与能力，帮助居民骨干构建以需求为导向和以兴趣爱好为切入点的社区社会组织。通过统筹建立相应的社区社会组织，建立健全居民议事等机制，引导和邀请居民参加社区社会组织，拓宽居民参与的渠道，提高居民的自助服务意识。

（三）举办邻里活动，丰富居民的参与内容

社区工作者应在地方模式的指导下开展社区工作，重视社区社会组织在社区服务中的作用，社区社会组织成立之后处于相对活跃的状态，各个组织的负责人招募有相同兴趣爱好的成员聚集在一起，通过发挥社区社会组织在社区中的作用，能够有效推动居民参与社区事务。在居民本身的意识提升上，赋权理论强调居民与社区环境之间的互动能够促进居民参与能力的提升，使居民有力量、有信心参与到社区事务中。以往开展的社区活动多是在节假日开展且都符合相关节日寓意的社区活动，包括元宵节、端午节以及中秋节等座谈会形式的活动，内容较为单一，形式趋于简单化，且参与的居民多以老年人群体为主。因此，在推动居民参与社区活动过程中，基于社区居民的需求，以促进邻里互助为目的，社区内社区社会组织承担部分活动，居民作为参与者需要鼓励更多的居民运用集体的智慧和力量在活动中增进彼此的了解，运用集体的力量促进社区发展。

1. 开展社区主题活动，促进邻里互助

社区主题活动最能激发居民的参与兴趣，丰富多样的文化节日活动应契合居民的文化习俗和生活背景，这也是促进居民参与社区事务最为方便和直接的一种形式。在社区社会组织发展的初期，成员都保持着较高的热情，展现出浓厚的兴趣，一致希望通过开展社区活动增进成员之间的了解和发现各自的优势，在活动中吸纳更多的居民加入其中。社区工作者在赋权理论指导下，激发社区居民的潜能，以节日为契机，以多元文化活动为载体，组织社区居民聚焦社区集体行动，发动社区社会组织利用自身特长增强自我效能感。根据项目的服务内容，可以将项目经费的一部分投入社区的主题活动中，社区工作者作为协作者和资源联结者，与下设委员会的负责人一起商讨并规划社区的主题活动。可以将社区的主题活动与传统节日相结合，形成丰富的社区活动气氛。在前期发布活动预告时，

采取自愿报名参与的方式，鼓励居民展示自己的才华，给他们提供一个平台，让他们展示自己，以此达到参与社区活动的目的。

结合时代主题和传统习俗开展符合社区服务的活动，传统节日活动多以社区实践活动和文艺类表演为主。例如，端午节开展以"粽情粽意——我们的端午节"为主题的社区活动，中秋节开展"我们的节日——中秋节"主题活动，社区工作者、社区社会组织成员和社区志愿者在社区提前进行预热，倡导更多的居民走出家门，构建邻里互助体系，丰富居民的精神娱乐生活。在组织开展活动的过程中，由于社区工作者自身的力量也是有限的，因此需要合理利用社区的资源和引导社区志愿者以及居民开展协助，确保活动能够顺利进行。

开展丰富的社区活动，一方面增强了居民之间的交往和沟通，另一方面也提供了一个多元化的社区参与平台。社区工作者在社区活动中扮演策划者、助理者、拥护者的角色，他们积极参与社区的各项活动，按专题进行相应的规划与实施，以形成一个良好的社区参与环境，加强社区居民的互动和沟通，使社区活动能够更好地促进居民与社区的融合。

在活动中发挥居民的主体性作用，调动居民对社区事务的兴趣，发挥居民在活动中的控场和主导作用，增强居民对社区的认同感，强化居民的参与意识。

积极举办社区活动，为居民提供一个互助和志愿服务体系，社区内的人力资源也得到合理的使用，带动更多居民参与其中，无形之中居民的自我服务意识和社区集体意识得到强化，也为居民搭建了互助网络，进一步丰富了居民的参与内容。

2. 丰富社区教育内容，提高参与的积极性

社区工作者在前期整合社区资源的基础上，通过资源联结的方式为居民提供不同的需求服务。大多数居民对健康意识和自我保护意识比较看重，也希望能够增强这方面的能力。在前期的社区资源分析中可以了解到社区的周边环境与设施，可以动员辖区内的单位加入社区教育，丰富居民的参与内容。社区工作者通过挖掘社区资源，以资源内外互补的形式强化社区的服务功能，满足居民的多样化需求。

比如社工通过联结资源，配合辖区街道办事处进行垃圾分类宣传，普及垃圾分类意识，促使居民养成良好的行为习惯，形成不乱扔垃圾、垃圾分类入箱等意识，充分凝聚社区共识，协调社区资源，促进居民积极性和社区参与意识的提高。目前，很多社区老年人群体较大，他们有较多的时间参与社区活动，他们对

健康养生、防诈骗这类似活动感兴趣，因此可以联结医院和街道派出所工作人员为居民讲解健康养生知识、如何预防常见疾病和生活中常见的"电信诈骗""保健品诈骗""冒充公检法进行诈骗"等常见的诈骗类型，通过这类讲座增强居民的健康和自我防范意识，让居民受益，提升居民参与社区活动的积极性。总而言之，通过联结社会资源，以居民需求为导向，对居民开展社区教育知识讲座，让居民走出家门，可以使社区社会工作得到居民的支持与认可，贴近居民的实际需要。

社区教育的目标在于提升居民的文化素养，均衡社会各阶层之间的文化素质差距，进而改善其居住品质。在居民的多元化需求下，必须从医院、律师事务所等资源丰富的地区吸收各类专业的社区教育工作者，并充分调动社区义工，以填补目前社区教育的不足，加强专业化的教师队伍，以满足居民的个性化、多元化需求，提高居民参与社区事务的积极性和主动性，让社区服务更加精准化。

（四）创新推进社区服务品牌，畅通参与渠道

结合当前实施的大数据战略，依托互联网科技，打造线上沟通参与平台，变革传统的线下参与模式，积极拓展参与渠道，致力于改善参与不足的问题，激发居民对新事物的敏锐视野，依托新的方式积极促进社区参与。在服务过程中，开发居民社区参与客户端，畅通社区居民沟通方式。线上参与有利于降低社区居民的时间成本，提高参与的效率，充分利用现有的线上渠道，突出社区居民参与渠道的多元化、灵活性，有利于社区居民之间直接进行沟通交流，改善原有的互动沟通模式，增加社区工作的透明度，提升居民的社区归属感。社区工作者积极带动居民增添新的沟通渠道，打造互动平台，宣传推广和动员居民参与到社区事务之中，提升居民社区参与的凝聚力。

1. 开发社区 1+1 平台，创新参与途径

社区工作者机构可依靠互联网科技开发社区 1+1 客户端平台，形成以科技为支撑、以技术为手段的服务体系。开发专属社区 1+1 客户端平台的主要目的是加强与社区居民之间的沟通，使各主体彼此间也有一定的了解，在网络上，在法律允许范围内畅所欲言，建言献策，更好地满足不同群体的需求。通过开发专属客户端，改变原来的只由社区向居民传递消息的局面，畅通居民与社区沟通的渠道，以社区 1+1 平台为双向互动交流平台实施监控和管理，社区工作者通过后

期网络数据的收集和整理,对参与的人次、频率等加以分析,形成社区工作者、社区居民及以科技为依托的网络参与机制,使居民更好地认识社区及社区工作者,并信任他们,支持他们开展的社区活动,这也是基层治理的重要创新举措之一。

利用社区1+1客户端平台一方面扩大了宣传的范围,改变以往只对社区居民进行口头传播的方式,弥补了口头宣传的不足,让社区居民能参与到社区服务过程中。社区工作者也应积极运用其自身的推广平台,吸引居民的注意,让居民进一步了解社区工作者的专业能力,增加社区工作者的影响力,在工作层面上积极吸引居民的参与和支持。另一方面创新了宣传方式,改变了以往单纯由社区进行宣传的方式,在多元主体的宣传倡导下,推动居民积极在各个不同方面了解服务的内容以及服务效果,增加居民对社区工作者的信任和对社区工作者服务的支持,以及对社区的支持。同时,也可以利用微信和社区1+1客户端平台进行项目服务宣传、更新社区动态信息,发起在线投票、满意度调查等活动,与各主体形成良好的互动,营造和谐的氛围,形成良好的外部环境。社区居民通过线上参与社区活动和活动结束后对本场活动参与满意度调查可获得参与公益积分。通过社区公益积分的方式激发居民参与的兴趣,公益积分可以享受社区诚信爱心商户的积分兑换优惠和便利服务兑换。以开展活动的形式把居民和社区商家联系在一起,从而进一步增强居民之间的互动交流。居民根据所参与活动的次数和累计的个人积分可以参与"友善居民"的社区评选活动,为积分位于前三的居民颁发荣誉证书。同时社区的爱心商家根据积分参与评选诚信爱心商户的活动,进一步推动社区内商户参与到共同的社区事务之中。随着现代科学技术的日益更新和各项利民惠民政策的落实,社区需要完善社区1+1平台的功能,增加居民的使用率,形成便民惠民的高效的创新途径,为居民在网上提供相关的咨询服务,节约时间成本,提高办事效率。

2. 依托微信平台,传播社区声音

微信作为一款即时通信工具和以社交为目的的生活类软件,其用户不仅可以在移动终端平台与好友开展传统的文字、语音对讲以及图片和视频传输,也打通了线上与线下的界限,用户可以与好友随时随地进行交流。

以往城市社区中居民的参与呈现出参与渠道不畅的状况,其主要原因是社区是单一、被动地为居民提供参与渠道,因此有必要结合社会工作服务项目,利用现代聊天软件建立居民微信群聊的方法,邀请居民加入,通过居民拉居民、熟人拉熟人的方式，微信群可以逐渐壮大。社区工作者不定期发布社区建设情况、惠民政策、社区活动情况、社区政策等信息，将居民与居民之间连接起来，让分散的居民凝聚团结在一起，形成居民与社区工作者的互动，而不是单一、被动地接收信息，促进社区居民的参与和互动。同时也满足了部分年轻居民白天忙于工作，苦于没有渠道参与社区事务的需求，使他们晚上在群里看到居民分享的图片、视频等与社区息息相关的言论，共同见证社区发展的最新趋势。

社区工作者可以借助微信平台建立微信群聊，以话题引入，带动城市社区居民积极参与话题的讨论，加以思考和分享，积极引导居民在社区事务话题上进行深入思考，提高居民对社区问题的关注度，进而促进居民提高自主自治意识，积极参与社区事务的管理，改变传统的服务模式，积极创新服务模式。线上与线下相结合传播社区声音的工作方式是促进居民参与事务的其中一个缩影，凝聚了社会工作者的力量，不断推动社区工作方式创新，走好网上群众路线，从而切实提升居民的获得感、幸福感、安全感。

第二节　城市社区社会工作的主要内容

一、社区教育服务工作

（一）城市社区开展社区教育服务工作的必要性

1. 助推社会治理创新

党的十九届五中全会提出："十四五"时期我国经济社会发展的主要目标之一就是"提高社会治理特别是基层治理水平"。社会治理包括常态治理和非常态治理，提高社会治理水平，就必须提高社会基本单元基层社区的治理水平。社区教育是常态化社区治理中一项十分重要的工作。将社会治理创新与社区教育相结合，将社区教育渗透在社区的各项工作中，通过强化各项教育工作，规范约束居民的社会行为，有助于形成良好的城市社会风尚，有助于增强居民文明素质。丰富城市社区教育的内容，创新社区教育的模式和方式，积极探索社区教育融入社区治理的新途径，可以促进社区精神文明建设，而文明社区的构建无疑有助于社区治理的理念、体制和机制创新。

2. 应对严峻的社会挑战

经济全球化带来各种思想文化的交流、交融和交汇，社会思想也随之变得更加多样化、复杂化。网络信息时代，人们的理想、信念、价值观容易受各种社会思潮的冲击和影响，社会成员在思想上面临着各种严峻挑战。在这种背景下，在城市社区居民中倡导爱国、敬业、诚信、友善的社会主义核心价值观，能够激发社区居民的家国情怀，促进邻里和睦，增强互助意识，进而营造有序安宁的社区环境，激发社会活力，推动社区实现有效治理。加强城市社区居民教育，将有利于实现城市社区的有效治理，有助于通过城市窗口展示开放城市的良好形象，展示文化的魅力，打造和谐安宁的人居环境，扩大城市的影响力。

3. 提升城市社区居民参与社区治理的积极性

城市社区居民参与社区治理积极性不高，除了社区治理主体意识薄弱的原因外，还有一个很重要的影响因素，就是他们没有参与的平台和渠道。社区教育团队应通过需求调研，充分挖掘出城市社区居民的兴趣、爱好等要素，并根据这些要素，设置满足居民需求的教育课程、活动等，组建相应的社区教育学习团体，激发起他们参与社区治理的积极性，把城市社区居民从独立的个人空间"喊"出来，聚到一起，形成一个紧密的联系体。这些社区教育学习集体为他们提供了一个渠道，一个可以参与到社区治理过程中的渠道，能有效地激发他们的参与积极性，夯实居民参与社区治理的群众基础。

4. 培育城市社区居民的公共意识

社区教育在满足社区居民能力素质提升的过程中，能根据社区居民的兴趣爱好、技能提升需求以及自我实现需求等组建培育一批社区教育学习团体，这些学习团体可以助推社区公共意识的培育。

第一，开设公民意识课程，引导城市社区居民树立正确的价值观念。价值观是影响人们态度、行为以及意向的一个重要的因素。社区教育通过开展德育等内容的课程，有助于引导城市社区居民树立正确的价值观，更好地处理个人与社区、个人与个人之间的关系，有利于社区治理。

第二，在这一个个学习团体中，成员与成员之间通过活动以及活动之余的联系沟通，可以消除成员之间的陌生感，建立起成员之间的友谊，增进成员之间的感情，有利于公共意识的培养，减少追求个体利益的行为，从而构建成员不同利益诉求的交集，实现成员之间的共赢，形成一种邻里相亲、互帮互助、和谐友善的社区治理服务模式。

第三，学习团体成员之间因为是以"趣"为缘而自愿联系到一起的，所以成员之间更容易产生共同的目标，更容易形成社区公共精神，增强对社区的认同感、责任感以及归属感，进而塑造社区共同体意识，培育参与社区治理的意识。

5. 整合城市社区治理资源

社区治理与社会管理不同，其要求实现各方参与，需要社会组织、社区居民等多元主体共同参与到社区治理中来，实现社区自治。社区教育可视作一种隐性的社会公共空间，天然具有促进社会交往、联结社会主体、提供交流平台、汇集社情民意等社会功能。

社区教育具有的整合联结资源的功能能积极整合联结社区内外的一切资源，建立起政府、学校、企事业单位、各类培训机构以及社会组织合作和协商的平台，构建政府、社会、城镇社区、居民多方参与的协同治理格局。社区工作者要能够利用社区教育的互联网技术，打造议事服务的指上平台，让社区居民在平台上表达自己的利益诉求等，引导社区居民开展互助等，将指上平台建成居民群众议事协商平台和互帮互助平台，推进社区治理。社区工作者要能够编织以"公"联"私"的社区治理大平台。通过社区教育这个"公家"平台，将社区中的一些社区组织、兴趣团体等"私人组织"吸纳进来，通过这些"私人组织"加强对领头人物的挖掘，引导他们积极参与社区治理，构建以"大"联"小"、以"点"构"面"的社区治理"大体系"。

6. 提升城市社区居民参与社区治理的能力

有效的社区治理的实现需要城市社区居民具备一定的沟通协调、合作协商、利益表达以及治理管理的能力。社区教育可以开设相应的技术以及文化课程，举办相应的体验学习、团队学习、参观学习等活动，通过聘请行业精英、政府部门的专家、高校教授、乡贤达人等，发挥他们在政策、信息等方面的优势，针对社区居民开展政策法规解读、现代化信息技术手段运用培训、指导制定相应的自治公约以及外出参观社区治理示范区等，提升居民的治理意识、技能和水平，使居民更有效地参与到社区治理中来，更好地服务于社区治理。

（二）城市社区开展社区教育服务工作的现状

1. 社区开展教育工作受重视的程度不够

当前，在已经开展的社区教育工作中不难发现，大部分社区干部只是单纯地根据上级指示和文件要求开展社区教育活动，部分社区干部对社区开展教育服务工作的重要意义认识不足，不够重视，这也导致社区教育过于表面化和形式化，没有在行动中有效落实，教育工作没有深入开展，没有落实到每一位社区居民，无法达到预期的目标。

2. 社区开展教育内容单一、方法简单

由于我国社区教育的起步较晚，规模相对较小，因此当前社区开展教育存在内容单一、文本缺乏、没有规划、权责不明等相关问题。同时教育方法过于简单，没有对社区居民形成较大的影响，这也使得社区教育服务缺乏生动性和吸引力。传统的社区教育服务形式包括宣传栏展示、巡回宣讲、集中学习、文艺演出等，虽然表现形式多种多样，但实际效果并不明显，不能适应社会发展的趋势。尤其是在网络飞速发展的今天，人们越来越多地可以从网络上获得海量的信息，这就要求社区在教育服务工作中要加强创新，充分运用多种媒体，丰富教育载体，以达到预期的教育目标。

3. 社区居民普遍参与度不高

社区依托现有资源和区位特有优势组织居民开展教育服务工作，主要目的是提升社区居民的整体素养。但当前大部分社区居民对社区开展的教育活动的参与热情不高，甚至对此方面的内容并不了解，也不愿参与其中。这其中有社区居民文化素质参差不齐的原因，更深层次的原因是社区教育活动的形式单一，无法吸引社区各年龄段的居民踊跃参与。即使一些社区居民参与了，但在参与时并没有充分发挥受教育主体的积极性和创造性，因此社区开展的教育活动也失去了其重要意义。

4. 社区开展教育服务工作的师资水平参差不齐

当前，社区教育工作呈现出多元化、多样化、多层次的发展态势，这也对社区教育的施教队伍提出更高、更新的要求。一般来看，社区开展教育服务工作的师资队伍普遍存在教育者自身素质不高、能力不足的问题，他们对于受教育群体类别没有进行详细划分，往往只是对教育内容进行简单的诵读，对受教育群体的反应没有及时关注，在开展社区教育服务工作时更没有与受教育群体进行良好的互动，这也导致社区教育活动只是简单地灌输理念，发放一些宣传材料，不能针对不同人群施教，无法吸引社区居民的兴趣，更不能引起社区居民的重视。尤其是对青少年群体缺乏生动有趣的讲解，往往青少年在参与社区教育活动中只是看客，不能真正地参与其中，更无法触动心灵，引起共鸣和思考。

（三）城市社区提升社区教育服务工作水平的策略

1. 创新社区教育理念

理念引领观念，观念引导行动。《中国教育现代化2035》提出了推进教育现代化要更加注重面向人人，更加注重终身学习。社区教育是为实现社区成员素质和生活质量的提高，以服务社区治理、促进社区文明发展为目标的一种社区教育学习活动，属于大教育、大培训的范畴。新时代需要新思维，新思维需要新理念，理念是行动的先导。面对新时代社区教育目标我们要树立"为社区居民提供优质的学习"理念，这种理念至少应包含三个方面的含义，即"营造优良的学习环境、供给优秀的学习资源、强化优等的学习服务"，要立足学习者、面向学习者、依靠学习者，一切为了居民的需求。在整个社区教育过程中要始终凸显以学习者为本的原则，让学习成为人们的一种生活方式，让学习成为人们的行为习惯。

2. 推动社区教育全面发展

在新时期，推动社区教育全面发展，不断提升社区教育的信息化水平，也是十分有效的一种途径。多元化的教育发展格局能够最大限度地使用各种教育资源，快速推进教育自身的发展。

因此，如果我们能够探索出一条社区教育全面发展的新途径，并借助各种方式来加以引导，那么这对于国内社区教育的发展将会十分有益。为了让每个社会个体的潜能都被激发出来，我们就需要努力推动教学方式的多元化发展，让更多的人享有学习的权利和机会。我们可将社区教育当作基础教育的一种有效补充手段，让它能够弥补普通教育的不足。因此，社会教育可以朝着更加多元的方向发展，帮助更多的成年人学到更多的知识，以实现自身的全面发展。

这样一来，每一个社会个体的潜力就能得到最大限度的激发，社会整体的文化水平也就能够上升到新的水平。许多经验表明，当正规的学校教育出现漏洞或缺陷时，社会教育通常能够很好地加以补充。

总之，不论是在社区教育的内容选择还是形式选择方面，我们都可以朝着多元化的方向发展。

二、流动人口服务工作

（一）城市社区流动人口服务

我国有大量流动人口在城市就业，由于受教育程度和职业技能水平较低，社会资本积累不足，大部分流动人口的劳动就业收入和获得的社会公共服务水平相对较低。近几年，我国出台了大量有关流动人口就业的相关法律法规，这对流动人口的劳动权益保护起到了一定的积极作用。尽管明显的制度性歧视越来越少，但是城市劳动力市场分割却一直比较明显，行业之间、岗位之间的收入、福利待遇差距明显。在忽略制度约束对流动人口就业质量的影响下，人力资本就成了最关键的因素。

改革开放以来，我国农村大量剩余劳动力进入城市，为经济发展贡献了巨大劳动力资源和劳动力人口红利。美国经济学家乔瓦尼分析了移民对美国和欧洲劳动力市场的影响，认为移民能够增加劳动力市场的流动性，在一定程度上提高劳动生产效率。城市中的流动人口已经成为城市就业的主力军，也为城市发展做出了贡献。但是，流动人口的薪资、福利待遇却比较低，享受的社会福利较少。这与新发展理念中的共享发展理念不符。

为解决这个问题，政府提供了两种思路：一是市民化，也就是打破户籍制度的约束，让流动人口直接落户；二是公共服务均等化，也就是向流动人口提供户籍人口同等的社会福利待遇。而且我国学者也发现提升流动人口公共服务均等化水平对流动人口就业存在影响，流动人口获得较多的公共服务将有利于在他们在城市稳定工作。关于就业稳定性，可以从宏观和微观两个角度定义。宏观就业稳定性是指劳动力市场中劳动力就业整体供给及流动性稳定情况，我国流动人口就业稳定性较差，更换工作频率远远高于发达国家，这对劳动力市场会造成很大影响。

（二）我国城市社区流动人口服务工作的主要模式

综观近年来的实践，尤其是经济发达的人口流入地对流动人口服务管理工作所做的探索使得目的服务管理呈现出多元化的发展趋势可知，我国城市社区流动人口服务工作主要有以下几种模式。

1. 北京模式：治安管理拓展型

北京作为首都的区位与资源优势一直是流动人口的首选，对此，北京市和我国大多数城市一样选择了"治安管理为主"的"流管"模式。该模式由政法委或综治委牵头，主要办事机构设在政法委或公安局，在基层有派出所指导的协管员队伍参与管理。强调"治安优先"是该模式最重要的特征。例如，采用"以房管人""暂住证管理"等方法确保治安稳定。

当然，随着近年来政府执政理念的变化，在治安防范管理的基础上强化服务成为这些城市社会管理创新的重点，并形成了现在的"治安管理拓展型"模式。例如，北京市的鲁谷社区根据流动人口的需求和群体特点探索服务内容，实现"四个服务延续"，通过拓展服务推动治安管理。

但由于该模式普遍存在管理与服务断裂的缺陷，加之现阶段个人诚信的缺失致使政府部门处于被动管理的尴尬状况，难以起到引导人口有序流动的作用。

2. 嘉兴模式：专业机构协调型

该管理模式试图通过成立单独的流动人口管理部门来加强流动人口的服务和管理，从而形成一种良好的沟通协调运行机制。目前，浙江嘉兴是采用该模式的代表地区。例如，嘉兴市在市、县成立新居民（流动人口）事务局，该局局长由政法委副书记兼任，计生、公安、劳动、卫生、教育、综治等部门抽调骨干进行集中办公；其主要职能为组织协调相关部门开展工作，督促职能部门履行职责。

但该模式在实践中的最大问题是执行部门是一种针对流动人口的协调机构，而非实权管理部门，因而很难真正发挥专业型管理的特点，从而很难真正做到部门之间、政策之间的协调和沟通。

3. 无锡模式：大人口机构统筹型

该模式以"大人口"观为指导，通过某一机构牵头（如人口计生委）来协调各部门行为，加强对流动人口管理和服务的统筹。采用这种模式的管理体制在原有政府架构总体上不变的情况下，强调"大人口"观，通过强化某一机构的功能进而协调各部门的行为。

目前，采用这种"大人口机构统筹型"模式的主要代表省市是上海、无锡。例如，无锡市按照"大人口"的观念，强化市人口计生委的人口管理服务规划指导职能，在计生委增挂"人口管理服务委员会"的牌子，增设协调处和信息管理处,承担全市人口的综合信息管理、人口发展规划和政策研究、人口管理服务工作综合协调等重要职能。

但是,"大人口机构统筹型"模式难以消除部门利益的分歧,通过高层会议实现部门协调在具体管理实践中还受到许多因素的制约。

4. 深圳模式:"积分入户"居住证型

该模式是对现有户籍管理体制的一种大胆创新,意在消除"户籍"对外来人口的排斥,吸收对流入地经济社会发展有贡献的优秀外来人口"长居并入户"本地。对持有长期暂住证的人员赋予居民身份,使其可以享受户籍制度所对应的养老、教育、医疗、住房保障等一系列便利服务,使外来人口对所在城市产生认同感与归属感,从而自觉融入城市,接受城市管理。例如,深圳市2008年推行居住证制度,以就业人口为对象办理居住证,将原来单一功能的暂住证转变为具有综合服务和管理功能的"一卡通型"居住证。该证的集房屋租赁、劳动社保、计划生育、教育等多项功能于一体,体现了管理与服务并重,也显示了流入地政府"兼容并蓄"的执政理念。

但是,该模式在很大程度上受制于流入地政府的改革决心与财力,如何保障"积分入户"制度的科学性与有效性,目前还有待明晰。

(三)城市社区提升流动人口服务工作水平的策略

1. 加强领导,健全组织网络

街道党工委、办事处高度重视,把流动人口服务管理工作作为社会治安综合治理和平安建设的重点工作来抓,明确各职能部门的职责分工,切实加强协调配合,依照"政府牵头,多方参与,齐抓共管,综合治理"的原则,建立由街道党工委书记任组长、派出所和综治办等部门负责人为成员的流动人口服务管理工作领导小组,下设办公室负责日常工作。各村、社区也相应成立了流动人口服务管理站,在全街道形成以块为主、条块结合、层层有人抓、级级有人管的管理网络。同时街道党工委、办事处将外来流动人口的综合管理纳入全街道经济建设和社会事业发展总体规划,列入工作目标,实行统一考核,奖罚分明。

2. 完善制度,严格登记管理

首先,做好私房出租户的租赁管理。对符合消防、治安和计生管理规定的准予私房租赁,并签订出租房屋综合管理责任书。

其次，做好流动人口的登记工作。工作人员对外来人口的自然情况、身份证信息、从事的职业及子女教育情况及暂住地进行登记造册，为外来流动人口办理暂住证等。在辖区内治安警务室设立流动人口管理服务站，干部与群众共同参与，整合各方力量，抓好区域治安巡逻、人口管理、调解、安全等各个队伍的建设，形成联动机制，充分发挥警务室作用，使其成为该区域综治工作的一个重要工作点。同时在各个社区设立外来人口管理服务点，在加强管理的同时方便外来人员办证。

3. 配齐人员，加强管理力度

社区应加强专职流动人口管理员的配备，不定期地进行业务技能培训，提高他们的业务水平及工作的积极性和自觉性，同时按照"属地管理"的原则和"谁主管谁负责"的原则，把流动人员纳入行政管理和群众自治工作范围，严格实行目标管理责任制。

4. 优化服务，改善就业环境

社区要切实解决流动人口的就业、居住、生活、子女入学等实际困难。流动人口劳务市场要减免进场登记、中介费用，降低流动人口进入城市的门槛。要广泛开展流动人口安全文明居住区创建活动，改善流动人口工作、居住条件，努力为他们创造良好的社会舆论环境、工作生活环境和公平公正的社会法治环境。要提高法律服务和法律援助水平，全面推进法律服务进社区，扩大流动人口法律援助、法律服务的覆盖面。要继续深化户籍管理制度改革，以具有合法固定住所为基本落户条件，调整户口迁移政策，允许符合条件的流动人口在经常居住地落户；改革完善《暂住证》制度，健全完善暂住证的功能。

5. 构建平台，整合社会资源

要把加强流动人口服务管理重点放在基层，积极挖掘社会资源，充分发挥社区、用工单位、社会组织等的作用。要加强流动人口协管员队伍建设，要加快城市社区建设，完善社区服务功能，扩大服务范围，充分发挥社区参与、教育、互助等作用和功能。要继续深入推进"综治进民企"工作，坚持"谁用工、谁负责"的原则，通过签订综治责任状、治安协议书等形式，指导、督促民营企业落实对本单位外地员工管理的主体责任，把流动人口服务管理的责任有效地落实到用工单位。要结合平安创建活动，充分发挥基层党团组织、城市治保会、单位保卫组织、调委会、保安队、治安联防队等群防群治队伍的作用，协助做好流动人口服务管理，保证基层流动人口服务管理工作有人管、有人干。

三、社区志愿服务工作

志愿服务是指人们出于自愿的动机，在不求回报的前提条件下，为了改善社会、促进社会进步而献出自己的时间和精力的服务行为。志愿服务涵盖范围广泛，居民生活的方方面面都有所涉及，如助老助残、扶贫扶弱、灾害救助、社区建设等。社区志愿服务是志愿服务的一部分，也是志愿服务在社区中深入发展的体现，即社区志愿者利用自身资源，运用技能或特长来改善社区服务水平，参与社区的各项公益活动，为社区居民提供公益性和非营利性的服务。社区志愿服务是我国建立多层次社区服务体系和社区建设的重要体现，对于促进社会各阶层和谐共处、培育和践行社会主义核心价值观有着重要作用。社区志愿服务具有基层性及社会性，是在我国社会进入转型期、社会问题大量涌现的背景下辅助解决社会问题的有力手段。

社区志愿服务除了具备与志愿服务共同的特征，还带有明显的自身特征，即自主性、地域性、持续性。自主性体现在社区志愿服务是为了满足社区居民的需求而发展的，而非在政府自上而下的强制力下进行的，具有自主选择权。地域性是指社区志愿服务是以社区为主要阵地，在社区范围内进行的志愿服务及活动，相较于普通志愿服务它具有一定的地域范围。持续性是因为社区志愿服务的流动性不强，社区作为居民长期生活场所这一客观事实使得社区志愿服务具备相对的持续性。

（一）城市社区开展社区志愿服务工作的必要性

1. 促进基层社区资源优化配置

在基层社区治理新格局下，社区志愿服务作为有效对接公共服务供给和需求的重要平台，能够扩大高质量供给，有效提供更加契合居民精细化、多层次需求的产品和服务，从而破解民生梗阻难题，打通民生保障的"最后一公里"。同时还能够面向特殊群体，如低保户、残疾人等，充分发挥其补充效应，打造一批群众认同度高、信任感强的特色品牌项目，从而更好地服务于弱势群体，满足特定需求。这样不仅可以有效解决政府部门"缺位""错位"和市场力量、资源不足等问题，实现优势互补，还可以推动社会资源的有效整合和优化配置，实现资源共享共融。

此外，志愿组织作为居民主动参与社区事务的载体和居民议事协商的平台，在开展志愿活动时应坚持"多元共治"的理念，积极探索"四社联动"的新模式，协调多主体的利益，凝聚多主体的力量；同时还权于社区，集民情、纳民智、汇民意，使社区居民的参与权和决策权得到切实保障，从而培育民主包容的社区文化，为社区营造睦邻融洽的软环境。

2.推动基层社会和谐稳定发展

作为当代社会主义建设中的一项伟大而崇高的事业，社区志愿服务既是精神文明建设的重要内容，又是经济建设的重要驱动力。

一方面，志愿服务通过开展社区居民喜闻乐见的志愿活动，以更主动的作为为人民群众提供实用性好、吸引力强的服务产品，切实解决居民的"痛点""难点"和"堵点"，不断增进民众的幸福感、获得感和归属感。

另一方面，志愿服务能充分调动广大公民参与社区事务的积极性和热情，在提升居民自我管理、自我服务的能力的同时，推进基层社会民主进程，实现社区善治。

此外，社区志愿服务有利于调节基层矛盾，释放社会团结效应，构建和谐邻里关系，培育团结友爱、无私奉献的良好社会风尚。

总之，社区志愿服务以丰富多样的形式参与社区治理，成为新兴治理主体，为基层自治注入活力，在促进社会公平正义、维护社会秩序稳定、推动社会和谐发展方面发挥着独特的优势和作用，已成为构建基层社会治理现代化体系的中坚力量。

（二）城市社区开展社区志愿服务工作的现状

1.社区志愿者队伍层面存在的问题

（1）社区志愿者专业素质不高，参与随意性较强

志愿者是社区志愿服务的参与主体，志愿者队伍的专业化、规范化程度对于志愿服务项目的顺利实施和志愿团队的高效运行至关重要。从目前的现实情况来看，大部分社区志愿队伍中专职志愿者和专业社区工作者相对较少，大多数志愿者都缺乏扎实的专业技能和丰富的实务经验，仅凭自身想法和满腔热情参与其

中，至于是否能获得预期效果，则不得而知。再加上一般情况下，志愿者大多是在活动开展前一周临时招募的，固定及注册备案、从事长期服务的志愿者较少。临时性的参与者大都联系较为松散、敬业精神缺乏、专业能力不足，造成志愿服务的质量不高，难以满足社区治理的现实需要。此外，社区志愿者往往享有较高的自由参与度，加之志愿者准入门槛较低和退出机制缺失，对志愿者的约束力较弱，导致志愿者在活动中途任意退出和频繁更替的现象时有发生。同时，志愿者参与较为随心所欲，他们对即将开展的志愿服务充满新鲜感和期待感，但是随着服务的深入推进，他们在逐渐适应自己岗位角色的同时，参与热情也日渐消退，从一开始的定期、频繁参与转变为不定期、偶尔参与；而对尚未涉及的服务领域和新的志愿活动仍充满新鲜感和好奇心，因此他们更倾向于交叉式地参与志愿服务。长此以往，将对社区志愿者队伍的常态化建设和社区志愿服务的长效化发展产生不利影响。

（2）社区志愿者队伍结构单一，公众覆盖面狭窄

"人人争当志愿者"是新时代志愿服务的美好愿景。因此，为推动社区志愿服务的高质量发展，需要充分发挥社区党委、社会组织和专业社会工作者的力量，并吸纳各行各业的志愿者积极参与，构建全方位、宽领域的志愿服务体系，在服务中实现治理。目前，很多社区志愿服务仍处于初级阶段，公众对志愿精神的价值内核、本质特征和主要特点等认识依旧停留在理论层面，尚未付诸实际行动，社会参与程度较低，公众覆盖面狭窄。而且，社区志愿服务的参与者大部分集中在离退休的老年人群体，尤其以退休老干部、老党员为主体，处于社会中间层的青年人和中年人参与相对较少。队伍总体年龄偏大、结构过于单一，这成为制约社区志愿服务长效发展的掣肘。究其原因，社区中的青年群体虽然庞大，但由于其工作忙碌、精力有限、时间冲突，因而他们的参与热情不高。而高校师生群体大多是根据校团委的要求，被动式参与志愿服务，且服务领域较为狭窄，主要集中在一些大型体育赛事和各类特定活动日，存在阶段化、任务化的特点。

2. 社区志愿组织建设层面存在的问题

（1）社区志愿组织发育不完备

大多数社区志愿资金主要源于政府的财政拨款和补贴，少量源于企业赞助和个人捐赠，而志愿服务的各个环节和日常运营都需要大量的经费保障，这就导

致社区志愿服务的质量、种类和范围都大打折扣。除资金方面受限外，社区志愿组织也无专门的办公用房、固定的活动场所和充足的物资设备等，"交通靠走、通信靠吼"成为活动开展的常态，因而其无法有效统筹协调社会资源，难以整合凝聚社会力量，需要在街道办事处和居委会的支持下才能做好社区志愿服务。同时，少数社区志愿组织将志愿者视为免费劳动力，用人非常随意，"呼之即来，挥之即去"的情景司空见惯；且随意侵犯志愿者的合法权益，"未购买保险、未签订书面协议、泄露志愿者个人信息"等现象屡见不鲜。另外，由于社区志愿组织没有事先发布关于志愿活动的真实、准确和完整的信息，也没有对志愿者的服务进行事先明确的告知，从而导致在遇到突发事件或危险情况时，志愿者的人身安全得不到必要、切实有效的保障。

（2）社区志愿组织运行不规范

推动社区志愿组织规范化、有序化运行，是新时代促进志愿服务可持续发展的着力点。然而自社区志愿组织成立以来，其面临着内部规章制度不健全、管理运行不规范等问题，且尚未从志愿者的招募、培训、分工、激励和评价等方面进行制度建设，最终难以实现高效率运转。同时，多数志愿组织对志愿者的管理方式通俗而言就是"呼之即来，挥之即去"，长此以往，志愿组织往往陷入"招募—培训—解散"的恶性循环。总之，这种"打一枪换一个地方"的运行模式导致组织经费耗费严重，志愿服务力量也无法得到有效整合，从而难以实现志愿服务的常态化发展。此外，部分社区志愿组织"人治"色彩较为浓厚，领导人产生、更替，志愿项目设立、开展等方面都缺乏依据；且"一把手"决定组织内大小事务，因此，凭借裙带关系安插人员、随意自设岗位、绕道进人、定制招聘等特权现象屡见不鲜。更有甚者假借公益之名行牟利之实，挪用活动经费和项目资金等，不仅与志愿服务的初衷相背离，而且损害了志愿组织的声望，出现了"志愿失灵"的状况，志愿组织也就遭遇名存实亡的困境。

3.社区志愿活动开展层面存在的问题

（1）社区志愿活动长效性不足

社区志愿活动的长效性不足，突出体现在以下两个方面。

一是志愿服务的组织形式任务化。志愿服务本身是自发、自愿、主动的过程，可这种行为一旦演化为组织任务式的性质，也就偏离了它的初衷。志愿组织是在基层政府与社区居委会的直接扶持下产生、发展的，其活动内容常常根据政府下派的"政治性任务"而设定，如重大灾情的应急抢险防控或围绕大型赛会活动开展的志愿服务。由于政府动员，公众参与热情高涨，经常会出现"一声号召，全民参与"的繁荣景象，可一旦各种大型赛事结束，随着大量志愿者的退出，志愿服务也会像昙花一现那般，迅速告一段落。

二是开展志愿服务的形式是应节式的。当前，社区义工组织所提供的长期志愿服务数量很少，其中以短期服务为主，特别是一次性服务。而且，集中在每年的三月和九月，学雷锋纪念日、植树节、助残日、重阳节等特定的日子里。这种"突发性"的志愿活动具有很强的间歇性，缺乏应有的连续性，严重地影响了社区志愿服务工作的成效和质量。

（2）社区志愿活动认同度不高

志愿服务虽以饱满的热情积极投身于社区治理工作中去，但是其作用却是有限的。具体而言，大部分地区的社区志愿服务思路浅薄狭隘、内容老套陈旧，活动仍集中于统一、简单的活动，如"情暖空巢老人""关爱留守儿童""爱心捐赠衣物""净化环境卫生"等，难以满足社区居民的高层次需求。在充满仪式感的传统节日，众多志愿者接踵而至，老人的指甲被反复修剪，房间被来回打扫，然而平时却无人问津。这样阶段式的志愿服务不仅在时间上存在脱节，在空间上也比较松散，而且还缺乏系统的规划和统一的安排，极大地影响了社区志愿服务在民众心目中的良好形象。同时，部分志愿组织在设计志愿项目时，事先尚未实地调研居民的需求，也没有耐心倾听群众的意见，而是盲目跟风、主观臆断，造成志愿服务供需错位。甚至有一些志愿服务片面追求"面子工程"，没有考虑服务对象的现实获得感，这种"喊口号、造声势、走过场"的行为极大地降低了社区居民的认同感，幸福感更是无从谈起。此外，志愿服务"运动化""形式化"的发展趋势与多数志愿者的服务初衷相违背，志愿者感受不到应有的尊重和自我价值的实现，也降低了他们对志愿服务内在价值的认同感。

（3）社区志愿活动针对性不强

社区志愿组织只有针对群众需求精心设计志愿服务项目、精准投放公益资源，才能提升社区志愿服务的针对性和实效性。

从案主群体来看，目前大部分社区志愿服务机构都是以全体居民为服务对象的，在特定的节日里，只会针对一些老弱病残、困难群体提供服务，而对于退伍军人、下岗再就业、农民工子女等特殊群体，既没有坚持"需求导向、弱势优先"的基本原则，也没有精准匹配供需两端，提供个性化、精细化的服务。

从社区志愿服务内容来看，大多数志愿服务没有以居民的实际需求为出发点，从而精准式地开展"一助一"的个性化、分散化服务，而只是针对社区建设和社区治理中的公共问题，开展集中型服务，如绿化环境、法制宣传、社区义诊等。此外，志愿组织相互跟风模仿，因而服务人群单一、内容雷同、领域狭窄、活动重叠，缺乏创新性和吸引力，导致一些志愿者和社会公众对社区志愿服务丧失信心和参与意愿，社区志愿服务停留在较低水平，难以适应新时代经济社会发展的需要。

4. 社区志愿服务管理制度层面存在的问题

（1）社区志愿服务激励机制不健全

志愿服务所蕴含的自愿性、非营利性和公益性等特征彰显了公民的公共服务意识和社会责任感，但是志愿精神并不完全等同于"雷锋精神"，要想调动社会公民的积极性，并推动志愿服务的持续发展和不断扩大，必须采用物质的或精神的奖励手段予以激励。目前，社区志愿组织普遍缺乏规范、有效的激励机制，且激励手段单一、陈旧，对组织成员发挥的动员作用极其微弱。具体而言，多数志愿组织往往重精神激励而轻物质激励，且大多是授予荣誉称号、颁发奖章证书、宣讲先进事迹、大会表彰赞许等方式，单一、枯燥的激励方式激不起志愿者的兴趣，反而在一定程度上挫伤了他们参与的积极性。同时，不同志愿者的参与动机大相径庭，与其自身的年龄、职业、文化素质等因素相匹配，也与志愿活动本身的独特性密切相关。然而志愿组织采取统一化的激励举措，这样"一刀切"的方式忽视了志愿者的个性化、差异化的需求，与其服务动机和参与意愿不相协调。一些机构在选拔的时候，并不是完全透明的，所以会有一些不公正的事情发生。从事同一服务的人，付出了同样的努力，却得不到相应的报酬和回报，这让他们感到了极大的不公和落差，甚至会生出愤懑之情，导致志愿者的工作积极性降低，从而导致工作效率下降，事与愿违。

（2）社区志愿服务培训机制不规范

根据志愿服务的岗位需求，对志愿者进行专业化、系统化的业务培训，以减少服务过程中的不确定性，既是提升社区志愿服务质量的重要保障，也是提高其规范化、专业化水平的有力抓手。

一般而言，大多数志愿者希望通过培训课程学习应急处置方式、服务专业技能等知识，然而多数志愿组织并没有以志愿者的需求为导向，没有根据不同志愿者的人格特质、学习意愿和岗位需求等情况科学设计课程体系，也没有坚持理论与实践相结合、培训工作与志愿服务相结合的原则，没做到分阶段、分步骤地开展志愿者培训工作。

同时，有的志愿团队只是单纯依靠"老牌"志愿者简单地辅导初级志愿者，并没有建立专门的培训机构，也没有聘请专业人士予以指导。因此，部分新晋志愿者未能得到系统、全面、科学的培训，造成志愿者队伍的整体素质与服务水平参差不齐。有的志愿组织没有制定出详尽的培训方案，没有明确的培训频率，使得参加培训的人数和质量都很难保证，这就给培训的成效造成了很大的影响。另外，培训项目要么只停留在表面，要么含糊不清，枯燥乏味，加之培训场所的硬件设施不完善，使得受训人员对培训的满意度不高。长此以往，志愿者队伍的专业知识基础较差、专业技术水平较低，势必导致人员大量外流、队伍建设不稳定。

（3）社区志愿服务运行机制不完善

社区志愿服务事业随着市场经济的蓬勃发展而日益兴旺，因而在基层社会治理新格局中，要推动志愿服务的持续健康发展，关键是在了解自身特点的基础上把握发展的内在规律，逐步建立与社会主义市场经济相适应的运行机制。志愿组织虽具有非营利性、公益性的特点，但组织的日常工作和活动开展仍需要资金支持。目前，社区志愿项目的运行经费大部分源于政府部门和准政府机构的经费划拨，少部分源于慈善组织与私人捐赠，因而在组织运作上不可避免地带有官方化、行政化色彩，具体体现在志愿组织的管理机制与政府行政管理体制类似、志愿组织的领导由所挂靠的上级部门领导任命、志愿服务的内容由街道办事处或居委会布置的工作决定，组织自身并不能独立自主地运行发展。此外，目前缺乏第三方机构对志愿项目的经费使用情况、管理落实情况和活动完成情况进行客观公正的评估考核，因而难以保障志愿服务的成效。同时，在志愿服务过程中存在志愿活动安排较为混乱、服务岗位人数设置不合理、志愿者随意轮换岗位等不规范运行的现象。再加上沟通渠道不畅通，出现突发情况不知道向谁反映、如何反映等问题，因而面对目前存在的困境和难题，必须对社区志愿服务的各个领域和项目运行的各个环节进行有机协调、有序运行和规范管理。

（三）城市社区提升社区志愿服务工作水平的策略

1. 社区志愿者主体建设

（1）发展壮大社区志愿者队伍

首先，志愿组织应通过公开竞选、社会招聘和组织动员等多种方式，号召社区中退休的老党员、老干部，辖区内企事业单位、街道机关的工作人员，高校大学生等群体，充分发挥自身的专业优势，积极组建社区志愿服务队伍。

其次，运用信息技术，建立志愿者电子档案，并以社区需求为导向，充分考虑个人的服务意愿、价值取向、兴趣爱好和专业特长等因素，科学合理划分人才类别，形成志愿服务专业人才库。

最后，应利用各种网络宣传载体和媒体舆论阵地，深度挖掘志愿者的优秀事迹，弘扬志愿精神，展现担当作为，提高志愿者这一特殊群体的知名度，带动更多的主体踊跃参与。同时，要加强对社区志愿者工作的宣传和指导，使广大市民了解到社区志愿者在现代社会中的重要地位和价值，并能自觉地增强志愿者意识，积极参加志愿活动。它不仅体现了市民的责任意识，更是推动精神文明建设、社会主义现代化强国建设的一项重要措施，进而形成全社会参与的热潮。

（2）提升社区志愿者的专业素质

首先，志愿组织应利用科学、合理的激励机制吸引高学历、高素质的专业人才，为组织注入新鲜血液；同时举办研讨会、论坛、讲座等，让团队成员进行交流学习，寻求新的服务理念、知识、技巧，提升志愿者的专业素质，使团队摆脱长期低水平发展的状况。

其次，通过举办多层次、多类别的培训活动加强对志愿者的培训辅导，不仅宣讲志愿精神、服务理念等，帮助他们提高专业服务能力和人际沟通技巧，而且要培养其团队意识和协作精神，促进组织内部形成和谐融洽的工作氛围。此外，还要对志愿者个人在成长和发展中所需的知识和技能进行培训，使志愿者在服务社会的同时获得个人提升。

最后，以社区需求为导向，以理论与实践相结合为原则，拓展更多创新性的志愿服务，让志愿者在志愿活动过程中学习知识、积累经验、提升技能，打造一批稳定且富有经验、乐于奉献的高素质志愿者队伍，从而推动志愿组织良性发展。

2. 社区志愿活动内容建设

（1）丰富拓展社区志愿服务内容

首先，志愿组织应聚焦于社区居民的实际需求，日益延伸服务领域，逐渐充实服务内容，形成覆盖社区服务、公共福利、扶弱助残、医疗保健、环境保护、救灾抢险、法制宣传、文化娱乐等多方面的特色志愿服务。

其次，采用驻社区单位与居民共同参与的方式，推动单向化和阶段性的服务转变为"一对一""多助一"的长期结对服务，并通过社会组织和专业社工嵌入，提升志愿服务的专业化、精细化水平。

再次，开展以公益便民服务为中心、以扶贫济困服务为重点的不同层次的特色活动，不断增加服务内容的多样性和活动形式的多样性，扩大服务规模，满足社区居民的多样化需求。

最后，借鉴其他地区志愿服务的创新内容和发展经验，并坚持以"因时制宜、因地而行"为原则，根据本地实际情况及时调整，将志愿服务与社区文化、社区治理目标相结合，形成具有本地特色的社区治理和服务创新项目。

（2）打造社区特色志愿服务品牌

首先，志愿组织应立足于基层社会，深入人民群众生活、工作的一线，搜集、整理大量真实事例和鲜活素材，打造"幸福夕阳，慈善扶老""爱心送考，助力圆梦""指尖上的爱心""社区大讲堂"等一大批聚焦民情、反映民意、服务民生的品牌志愿服务项目。

其次，充分把握全国性及地方性的会议、赛事、社会热点事件和公众关注焦点等有利契机，全面整合社会资源，推进具有较高社会关注度和影响力的品牌志愿服务项目，如"助力二青会，志愿我先行""我为创城出份力""众志成城，抗击疫情"等品牌，实现新突破，为社区志愿服务在新发展阶段打开新局面。

最后，树立志愿服务品牌意识，纵向联合市、区、街道办事处、居民委员会，横向协同民政局、文明办、工会、团委、妇联，利用新闻媒介，推广宣传本地区努力培植的一系列贴近群众日常生活的特色志愿服务品牌，提升本地区的志愿服务形象，扩大志愿服务效应。

3. 社区志愿组织载体建设

（1）搭建智能高效的志愿服务平台

首先，利用人工智能、移动互联、云计算、大数据处理等信息技术，积极搭建共享性、应用性较强的信息共享平台和社区志愿服务平台，第一时间了解和把握社区居民的服务需求，并基于公众的合理诉求即刻召集志愿者开展相应的服务，高效快速地实现辖区内志愿资源的供需对接。

其次，建立官方网站和微信公众号，及时发布志愿项目的相关信息，实时更新项目进度，并对志愿活动进行全程的质量跟踪与监控，确保社区志愿服务的最终成效。

再次,基于智能化的平台,政府、企业、社会组织、居民等主体进行多向互动,既相互沟通交流,又彼此学习借鉴,分享项目的成功运作经验,提高多方主体参与志愿服务的积极性和活跃度。

最后,利用互联网即时性、交互性的特点,推动线上线下联动,促进社会资源的集聚、整合、共享,最大限度地减少线下志愿活动的风险因素,实现志愿组织的自我规范和长效发展。

(2)构建畅通有序的公民参与平台

首先,坚持"共驻共建共享"的原则,努力探索驻社区单位、群团组织、社会组织和社区居民参与社区自治的经验和方法,通过构建制度化的参与机制和协同机制,有效凝聚居委会、业委会的力量,形成"政府—企事业单位—志愿组织—社区居民"的互动治理模式。

其次,依托社区居民议事厅、社区党建工作站、社区服务站等平台,搭建公民参与平台。例如,居民可以利用社区的微信群进行沟通交流,不仅参与自由度高,而且能够充分发表个人意见、表达诉求。社区志愿组织可以通过"问需于民""问策于民"的方式增强社区成员的责任感、依赖感和认同感,激发其参与志愿服务的热情。

再次,利用新闻媒介等信息传播平台,实施志愿项目"引进来"和"走出去"相结合的战略,不仅最大范围地把本辖区内的社区志愿服务理念传播到其他地区,而且要引进其他成熟的、可靠的社区志愿服务模式,扩大志愿服务的社会影响力。

最后,该平台作为社会公众集思广益、对话交流的载体,既提高了居民的组织化程度,使居民的参与有序化,又保障了居民民主权利的行使,实现了社区志愿服务的信息公开化、业务协同化、资源共享化。

4.社区志愿服务制度建设

党的十九大报告中明确提出要推进志愿服务制度化,目的在于通过系统化、规范化的制度建设实现志愿服务工作的科学化和发展的可持续化。因此,我们必须建立健全社区志愿服务的体制机制,主要做好以下几个方面的工作。

(1)规范社区志愿者招募制度

首先,社区志愿服务组织要结合社区工作的发展现状,坚持"以德为先、以才为用、以人为先"的原则,采取多种方式、多种渠道公开招聘,广泛吸纳优秀人才。

其次，充分利用身边的志愿者的榜样作用，对周边人群进行有效的动员；同时，在招募过程中，要对持证志愿者的招聘工作给予一定的政策倾斜，并重视基层工作的实践，以促进专业志愿者队伍的发展。

（2）健全社区志愿者培训制度

首先，社区志愿组织应对现有志愿者开展专业培训，并坚持长期培训和短期培训、常规培训和应急培训、通用培训和专项培训相结合，加大培训力度，规范培训程序。

其次，社区志愿者培训应坚持"理论与实践相结合"的原则，将志愿服务的价值观、技能与方法同社会工作有机结合，逐步实现志愿者向专业社工转型。

最后，针对目前培训过程的不足，聘请专业培训师进行岗前培训和岗位培训，开设"志愿者角色认知与使命""岗位基本知识与技能""应急处置技巧"等课程，让志愿者学习与岗位密切相关的服务技能和专业本领，提升志愿者的专业素质，改善服务效果。并且采用经验交流、案例分析等方式进行集中理论学习和实践模拟训练，使愿者对其所从事的服务工作有更多的了解，以提高志愿者解决实际问题的能力。

（3）建立社区志愿服务激励考核制度

首先，根据社区志愿者提供志愿服务的时间、服务质量和服务效益，实行志愿者星级认证制度和星级评定激励机制，并授予不同星级的志愿者相应的称号、奖章和证书，同时根据评定星级给予一定的物质奖励。

其次，社区志愿组织应配套建立评估考核制度和激励回馈制度，并坚持物质报酬和精神奖励并重，要对表现突出的优秀志愿者在公益性岗位安排、保障性住房申请、子女入学、落户等方面予以适当的政策倾斜，有条件的还可以提供半价观影优惠、免费常规体检、免费法律援助等看得见、摸得着的物质优惠。

最后，探索更加富有活力的社会激励机制、组织激励机制和自我激励机制，并综合运用以奖代补、道德银行、时间银行、爱心存折等多种方式，提升志愿者的自我效能感和价值感。

（4）完善社区志愿服务运行制度

首先，政府需要制定和完善有关志愿团体和慈善组织的法律法规、规章制度，将志愿服务工作纳入法制化、正规化的轨道，从而保障志愿组织和志愿项目在法律框架内规范、高效运行；并积极通过街道、社区居委会对接协同志愿项目，保证并支持有特色、有效益的社区志愿服务项目的实施和运行。

其次，将志愿组织的基本运行经费纳入政府财政预算，通过划拨经费、资金捐助的方式推动志愿组织长效发展，同时对经费使用进行多方位、全过程监管，确保资金用到实处。

最后，志愿组织内部应建立现代化的运行机制，引入科学的管理方法，确保组织的可持续性运作；营造积极向上的组织文化，增进集体认同，以此来激发志愿者的主动性和创造性，改善志愿组织内部松散的状况。并且发挥"四社联动"机制的作用，总结推广本地区志愿项目创新和项目管理的经验，从而凝聚志愿资源，提高社区志愿组织的运行效率和管理水平。

第六章 农村社区的社会工作

一直以来,农村社区社会工作的开展一直备受社会各界的关注,它关乎我国农村社区的经济发展,在缩小城乡差距、提升我国综合国力等方面有着不可估量的作用。时代在不断地进步与发展,农村社区的社会工作也在不断地探索与完善。本章分为农村社区与农村社区社会工作、农村社区社会工作的主要内容两部分。主要包括农村社区概述、农村社区社会工作的现状、农村社区社会组织工作等方面。

第一节 农村社区与农村社区社会工作

一、农村社区概述

(一)农村社区的概念

目前我国对于农村社区的定义,是指打破了原有的村庄界限,把两个或两个以上的自然村或行政村,经过统一规划,按照统一要求,在一定的期限内搬迁合并,统一建设新的居民住房和服务设施,统一规划和调整产业布局,组建成新的农村居民生产生活共同体(也称为"中心村"),形成农村新的居住模式、服务管理模式和产业格局。

农村社区是人类社会出现得最早的一种具有血缘关系、邻里关系,且有一定规模的人口集中居住在一起并且从事农业生产活动的自发形成的相对完整的区域社会共同体。

农村社区的概念并不是绝对唯一的,古往今来,众多作家和学者对于这一概念有过不同的阐述。例如,著名的社会学家费孝通从私人关系的处理角度将农村社区定义为由私人关系构成的熟人社会。从农村社区的特点角度分析,中国农村社会学学会副理事长李守经认为:"农村社区是一个社会区域共同体,主要以农村居民为主体,从事农业活动,是具有完备的社会组织、制度、意识的共同体。"中山大学社会学院院长蔡禾则以农村社区存在的基础为研究方向,对农村社区进行了新的定义,他指出:"农村社区是以农村居民为主体的社区,他们以农业生产为主要收入来源,结构简单,人口同质性高,社会关系单纯,流动性缓慢。"另外,部分学者还以农村社区的社交关系为研究方向开展了系统的研究。比如,李佃胜以同质人口为切入点,在更宽泛的社交关系视角上指出:"农村社区与传统村落和城市社区有着本质的区别,以传统保守村落为基础,以农村居民为主体同质人口,将各种关系融入其中,形成了一种新的具有人情味和开放性的社会生活共同体。"

综上所述,根据相关社会学家和学者的观点和看法可将农村社区概括为五个基本要素:一是居民聚集程度较低,多为分散居住;二是主要以血缘、宗亲关系聚集为主的熟人社会;三是主要以农业生产为主要收入来源;四是群众进行各项社会活动的中心多是村子或乡镇;五是村民在行为规范和生活方式上具有同质性,思想上有情感认同。

除此之外,从群体性质、群体区域、群体生产活动和群体关系角度我们也可以将农村社区定义为是以农村居民为主体的同质人口在相对固定的区域内,以从事农业生产活动为生存手段,由多种社会关系和经济关系构成的生活共同体。

(二)农村社区的特征

农村社区居民在政府机构的帮助下,共同改善社区的医疗、教育、治安以及经济等各种条件状况,重新规范社区人口、资源等配置,达到农村资源可持续发展的目的,保证社区居民能够获得良好的生活条件,促进农村社区发展。自从改革开放以来,市场经济体制逐渐代替计划经济体制成为我国的主要经济体制,在这种体制的作用下,农村社区得到了更快的发展,社区发展有了新鲜血液的注入。

1. 聚居形态相对分散

农村社区主要是由聚居在村落中的居民构成的,农村居民的生活与自然条件密不可分,从事农业生产是农村居民的主要工作内容,足够的土地及其附属物是农村居民赖以生存的硬性条件,土地的可利用价值是农村社区需考虑的主要问题。因此,与城市社区相比,农村社区的聚居形态相对分散。

随着经济的发展与人们知识水平的提高，农业生产与农村社区的教育活动逐渐不能满足人们生活所需，致使众多年轻人进行外出打工、创业、学习等活动，人口不断向外流动，使农村社区人口减少，人口密度降低。

2. 农村社区结构系统逐渐开放化

在改革开放之前，农村社区结构的成员比较单一，通常都是以有血缘关系的家族成员为社区中心，血缘关系是维系农村社区的纽带。在这之中，居民分层并不是很明确，初级居民占多数，各组织之间的关系不够紧密，这与城市中社会化阶层分化程度高、阶层多样化的模式差别很大，城市中的主流群体是次级群体。他们之间的差别主要表现为：农村社区的阶层组织不如城市社区明显，家庭是大多数生产活动的主要单位；农村社区以农业生产为主，没有复杂的职业，在农村中只有少部分人从事商业、服务业等其他行业；农村的社区结构被传统性城乡二元社会结构所约束，社会关系缺少社团型，主要以社区型的社会关系为主。

在农村实现经济改革之后，以血缘关系为连接点的小农经济逐渐被市场经济所影响，传统的农村社会也逐渐向工业社会靠拢，经济发展速度加快，社区结构逐渐开始分化，不仅以农耕结构为主，产业结构向多样化方向发展，但与城市的服务业、商业、农业、工业等产业还是有所不同，带有社区特色。

3. 农村社区居民性质开始发生变化

在改革开放之前，城市居民不管是内在还是外在都已经向异质化方向发展，然而农村居民仍然停留在同质化阶段。农村经济发展水平较低，没有平等的受教育机会，无法接受良好的教育，所以城市居民和农村居民在文化素质方面存在很大差异。然而在改革开放之后，我国开始实行市场经济体制，农村家庭联产承包责任制在农村开始实行并得到发展，劳动产品分配方法、农村居民生产资料占有形式、农村社区劳动的组织方法的转变为农村经济的发展提供了帮助，农村居民的思想观念、文化水平等方面都发生了较大转变，并且在产业结构的变化之下，农村群体已经不再像之前那样单纯地以血缘关系为纽带，开始向外分化，职业类型也逐渐增加。在农村经济的不断发展之下，各种行业都有劳动人口的参与，劳动性质开始向不同方向发展。在这样的前提下，农村居民更加自由，不必完全依赖土地，所以流动群体增加，社会关系得到改善，农村社区向着多元复杂的方向发展，对于整个社会结构的优化来说也是有利的。

4. 农村社区的经济活动逐渐复杂

在进行农村改革之后，可以发现有两个明显的变化：其一是粮食、棉花和油等农产品增长量较大，说明农村社区的生产力发展较快；其二是农村生产力得到解放，农村社区不再单纯地依靠土地生活，农业剩余劳动力逐渐向城乡第二、第三产业转移，劳动力更加自由化，解决了农村劳动力剩余的问题。比较传统的自然经济逐渐被商品经济所代替，打破了封闭式的农村发展格局，逐渐向非农化和乡镇企业方向靠拢。

在市场经济中，要想让商品经济能够快速发展，就需要合理地进行社会分工，实现产品生产的专业化，保证由专业部门来完成，细化劳动分工，如此一来能够达到更高的社会化程度，产品的规模效益也能被更好地体现，同时还要加强社区内外的经济联系。乡镇企业、个体工商业和私营企业的发展，解决了农村居民在没有土地时的生活问题，为他们提供了生活保障，所以种植业不再是农村居民唯一的经济活动，还有工业、商业等生产生活方式可以选择。

5. 利益归属逐渐成为农村社区组织的主要类型

由于受到市场经济的影响，政治、经济以及各种社会组织不得不进行结构重组，使组织更倾向于专业化、结构化，功能被逐渐增强，农村组织的变化也包含在其中。由于血缘或者地缘聚集在一起的初级关系地位逐渐降低，而那些由于相同利益聚集在一起形成的组织或者以政府机构为主的次级关系地位与日俱增，有关政府部门已经不能实现对社区组织的完全控制，并且在利益分化和具体化的促进下，逐渐形成了与之前不同的组织结构利益关系网。在社区管理和发展中，村民自治显得尤为重要，起到了很大的作用。城市化的社会关系逐渐代替原有关系，利益归属逐渐代替行政归属成为社区组织的主要类型，农村的社区组织不断变化升级。

当前，随着现代工业社会逐渐取代传统农业社会，城镇化进程不断加深，小城镇这种同时兼具城市社区和农村社区的特定社区在其中扮演了重要的角色。对于小城镇这一特定社区，可以解释为在某些地理位置内，社会活动的主要组成部分，为乡镇工业、商业和手工业生产的人口聚集区。从人口分布、生产方式、组织形式和生活方式等角度来看，这种特定社区在同周边农村和城市建立了密切联系的同时，也保持着不同于农村和城市这两种社区的独特存在方式。在城市社区和农村社区联系中，小城镇起到了关键的作用，不仅如此，小城镇这一存在还极大地加快了城乡社区发展和城乡一体化进程。

（三）农村社区的类型

在农村社区分类上可根据发展的时间差异和居民点分布情况来将农村社区分为散村、集村、集镇等。

1. 散村社区

该类型的社区最初是为了适应独特的地理环境而出现的分布较为分散的小村落，具有发育、聚集程度不高的特点，一般由三五家或七八家非亲既故的住户组成，人口较少。住户将种植和养殖业作为主要的经济来源，较为单一，同时相互之间联系密切，互帮互助。散村社区存在明显的弊端，即消息、交通较为闭塞，思想上固守传统，社区发展速度和社会流动性方面较弱。但伴随着近年来社会经济的高速发展，散村社区也开始向集村社区发展。

2. 集村社区

该类型的社区在人口总量和居住规模上都较为可观，人口数量少则几十多则几百，并且多在平原、交通沿线、沿海处出现。这一类型社区的人际关系同散村社区相比较为淡薄，在住户构成上主要由一个或多个大姓宗族和部分外来人口组成。但同散村相比已经拥有了较为健全的社会组织和制度，如服务中心在集村社区中的数量明显高于散村社区，甚至部分集村社区已经发展出"期集"或"集市"。

3. 集镇社区

集镇社区是集村社区逐渐发展后所形成的高层次社区，是农村小型政治、经济、文化的核心所在，已经成为农村小型商品和工业的集中地。

随着集镇社区的发展，商业、服务业等已经形成规模，不仅如此，经济结构和居民成分也向多元化的方面发展，但在人际关系方面却出现越发淡漠的情况，业缘关系逐步取代过往居民间的血缘、地缘关系，居民也不再固守传统思想，开始接受现代观念，实现思想的现代化。相较于集村社区，集镇社区的社会组织和社会制度方面更趋完善。集镇社区的社会功能伴随着农村商品化、社会化、现代化的发展而越发丰富。

在分类方式上，除了上述三种形式外，还可按照农村社区所处的地理位置将其分为滨湖村、沿海村、山村和平原村等，还可根据主要的经济来源分为渔村、牧村、矿业村等。

（四）农村社区治理工作

1. 农村社区治理工作的意义

农村社区的治理工作是我国政府治理的重要组成部分，农村社区的治理工作成效与国家的大政方针、居民群众的切身利益、社会的和谐稳定以及中国梦的实现等都有着莫大的关系，所以，农村社区的治理工作不仅是重要的民生工程，同时也是党和国家的重点工作。农村社区的治理工作在总体上来说主要有以下几方面重要的意义。

第一，有利于探索农村社区的本土化资源。

第二，有利于维护农村社区传统社会的优秀传统文化。民族村落或社区有一定的历史文化渊源，且具有极强的文化特征，尽管有些特征不符合现代社会发展的要求，但是也还有一些优良的传统文化值得继承与发扬，农村社区的治理工作则有利于维护社区特征的延续性和乡土性。

第三，有利于解决农村社区所面临的各种问题。

2. 农村社区治理工作的困境

（1）参与农村社区治理工作的力量薄弱

第一，村两委领导干部治理理念未转变。农村社区治理工作要想得到长久有效的发展，必须改变传统的治理理念。部分农村社区依然沿用传统的政府主导、政府包揽一切的工作理念，认为社区治理工作与村民无关，村干部处于管理主体地位，没有服务意识，多采用行政命令式的工作作风。

第二，村民在农村社区治理工作中的参与度低。一方面，村民的主人翁意识较弱。另一方面，现实中部分社区基层干部"官本位"思想比较明显，没有深入基层，听取村民的意见和想法，没有贯彻落实"村民为本"的思想，村民自治呈边缘化。

第三，社会组织参与力度不够。国家鼓励社会多方力量共同参与基层社会治理，并且这一举措取得了显著成效。因此，社会组织作为社会力量的主力军，应该积极参与农村社区治理工作。但是，由于村民对社会组织了解不够，工作开展难度较大，社会组织的专业力量未能得到有效发挥。

（2）农村社区治理工作方式陈旧

第一，缺乏制度体系建设。传统的农村治理主要依靠村两委领导干部和村里德高望重的人。这种管理方式强调"人治"，影响村务管理水平的科学化与民主化。村组织管理制度和工作程序缺乏规范,管理水平较低。同时,大部分村干部文化程度一般,对新事物、新理念的了解和接受速度较慢,加之缺乏专业的教育培训,使农村社区治理工作制度化建设落后。

第二,农村社区治理工作法治化程度低,村民缺乏法治观念。村里的事务多按照村规民约来办,虽然村规民约具有一定的权威性和限制性,但是相较于法律制度来说客观约束性较弱,容易发展成"人情社区"。

(3) 农村社区经济发展动力不足

充足的资金支持是农村社区治理工作必不可少的条件之一。只有产业兴旺,农村经济发展才能增速。当前农村社区经济发展过于依赖第一产业,传统农业发展使得农村社区的经济建设大大受限,未能实现产业升级,即生态农业。此外,在产业结构方面,农村社区除了传统农业及尚未形成体系的乡村旅游业之外,目前没有形成特色产业体系,缺少支柱型产业,农产品深加工方面也没有实现产业链化的生产,农业的高质量发展未取得实质性突破。

而且,目前农村年轻劳动力流失率较高,只留下老人、妇女及儿童,农村经济发展缺少劳动力支撑。

(4) 农村社区公共服务水平不高

虽然我国一直都在强调缩小城乡差距,但是受城乡二元体制以及地区经济发展不平衡的影响,在教育事业、医疗卫生、社会保障与福利、就业机会、基础设施等方面,农村发展水平都远低于城市。一方面,基础公共设施建设不足,主要体现在道路设施不完善、水电气网覆盖不全面、医疗卫生条件落后、交通不方便等方面。另一方面,缺乏精神文明建设。在经济快速发展和城市化进程的推动下,人们的物质生活得到了极大改善,精神文化需求也随之产生了变化,农村社区、农村居民亦是如此。虽然农村社区发展较为落后,但是农村居民追求美好生活的愿望强烈,而现实中农村社区精神文明建设仅体现在口号宣传或者悬挂横幅标语上,没有让村民真正感受到具有社区特色的文化氛围。

3. 农村社区治理工作的措施

(1) 转变治理格局

第一,强调党建引领在农村社区治理工作中的重要作用,重点突出农村党组织在农村社区治理工作中的政治功能,加强党的全面领导是实现乡村治理现代化和乡村振兴的根本保证。践行乡村善治之路必须加强农村基层党组织建设,提升农村社区治理工作的能力。

第二，协调多方力量。农村社区治理工作的内容琐碎复杂，必须多主体共同谋划，凝聚合力，构建"共建、共治、共享"的农村治理格局。

第三，培养社区治理人才。一方面，积极引进优秀人才，注重提升待遇，规划晋升通道以及增加相关就业政策支持，鼓励年轻人在乡村振兴和农村社区治理工作中实现自我价值。另一方面，学会就地取"材"，吸纳当地优秀人才参与到农村社区治理工作队伍中来，开展培训与考核，帮助其快速顺利掌握专业知识与工作技能，留住本地人才，为家乡建设贡献力量。

（2）创新治理手段

第一，加强"三治"（自治、德治、法治）体系建设。政府要加快农村社区治理工作的法制化建设，政府科学立法，基层严格执法，提升治理效能。重视村民自治制度的重要地位，推进村民自治工作开展，凸显村民自治的优势。加强"德治"建设，利用其与自治、法治的有机融合来提升农村社区治理工作的水平，提高农村社区居民的生活质量。

第二，创新网格化管理模式。社区网格化管理最先是在城市社区实施的，农村社区也可以借鉴网格化管理模式来丰富和创新治理格局。利用互联网技术，结合网格化管理手段，可以精准有效地回应社区内村民的需求，提升办事效率，完善服务品质。

第三，充分利用社交媒体的宣传作用。利用村务微信群、微信公众号、抖音等社交平台进行信息传递与宣扬，一方面可以方便发布信息，村民也可以及时便捷地获取信息；另一方面，社交软件传播速度快、范围广，可以帮助农村社区宣传，塑造形象。

（3）整合有效资源

第一，注重农村社区资源整合与配置。虽然农村现代化程度和工业化资源不足，但是本土自然资源、文化资源是特有的宝贵资源。因此，在引进外来资源支持的同时，要结合本土特色资源进行社区建设。

第二，更新产业结构。要注重农村社区二、三产业的开拓与发展，促进生产要素融合，推动农村社区产业现代化发展。农村社区产业化、规模化发展需要劳动力资源，不但可以解决农村社区部分居民就近就业的问题，增加其经济收入，还可以为农村社区的治理工作留住人才。同时，农村社区产业发展自然会带动农村社区经济发展，改善农村社区经济发展落后的现状。

第三，政府要加大对农村社区发展的扶持力度。除了资金支持外，更重要的是技术、人力等资源的帮扶，帮助农村社区经济完成从"输血"到"造血"的转变，真正实现农村社区经济自主成长与发展。

（4）完善配套政策

第一，把基层设施建设放在首要位置。政府应增加资金投入，在调研农村社区实际情况的基础上修路架桥，实现水电气网全覆盖，增加医疗卫生与社会保障投入，改善农村社区教育与教学环境等，稳步提升农村居民的生活幸福感。

第二，加强精神文明建设。在满足物质生活条件的前提下还需要关注社区居民的精神文化生活，多组织娱乐休闲或文艺演出活动，丰富社区居民的业余生活，从而构建美丽和谐的农村社区。

第三，加强村干部的业务培训。农村社区社会工作服务的主体是人，工作人员的服务理念与工作能力显得尤为重要。一方面，社区村干部要转变治理理念，积极主动接触居民群众，了解居民的实际需求，变管理为服务，将工作落到实处。另一方面，定期开展业务培训，制定晋升考核制度，提升业务水平与能力，有效改进农村社区治理工作的不足。

二、农村社区社会工作的现状

（一）农村社区社会工作面临的问题

当前，部分地区的乡镇党政领导把工作重点放在了经济建设和社会发展上，而对农村社区却没有足够的关注，对于为什么要建设农村社区、农村建设与村民自治、农村建设与城市化之间的关系等问题却一无所知。领导不重视，宣传不到位，直接造成了农村居民对社区建设的了解不够。

另外，目前农村社区社会工作存在着经费短缺的问题。我国的农村社区经济发展水平还比较落后，农村社区居民人均纯收入偏低，而且大多数地区没有产业的支撑，根本无力发展社会公益事业，对农村社区的基础设施投入也明显不够。

（二）改善农村社区社会工作水平的主要做法

一是加强对农村社区社会工作的宣传，使各级党委、政府和农村居民群众意识到开展农村社区社会工作的必要性和重要性。

二是政府要进一步增加对农村社区的资金投入，使社区有更多的资金投入地方公共服务事业和民生事业中。

三是把国家对三农的投入、社会各方面的投入以及村里现有的各种资源进行整合，形成资源投入的优势，建设一批管理规范、作用明显、服务群众有力的示范性社区，从而起到示范带动作用。

第二节　农村社区社会工作的主要内容

一、农村社区社会组织工作

当前，我国广大农村地区已经拥有了一定数量的农村社区社会组织，这些社会组织在农村社区各项事业中发挥着不可或缺的作用。

（一）农村社区社会组织的概念

社会组织是从改革开放以后，在政府和市场中自发形成的、具有一定非政府性、公益性和志愿服务性的组织类型。根据这一概念，我们可以界定农村社区的社会组织是指在村庄中，由村民自发形成和组建的，从事为民服务、公益慈善、邻里互助、文体娱乐、农业生产技术指导等服务工作的社会团体。

（二）农村社区社会组织发展现状

农村社区社会组织是由村民自发组织的社会群体，以农村居民为主体形成的自我管理、自我服务的组织类型。在新时期，农村社区社会组织发展既有积极的因素，也有一定的阻碍因素。

1. 农村社区社会组织发展的积极因素

农村社区社会组织发展中能够起到积极作用的因素就是动力因素。一方面，农村社区社会组织的外在动力是由其所处的环境决定的，适当的外部环境可以促进其发展。另一方面，农村社区社会组织的内在动力源于对自身利益的认识以及社会组织的现实需要。它的发展是由市场经济的发展、政府的政策扶持、多元化的需求驱动的。

市场经济的发展和政府的政策扶持为农村社区社会组织的发展创造了有利条件。市场经济的发展也为农村社区社会组织的发展奠定了物质基础。良好的市场经济条件不仅提供了更多的社会资源，还减少了农村社区社会组织发展的阻力，并为其发展创造了有利条件，激发了农村居民对农村社区社会组织的内在需求，从而促进了农村社区社会组织的形成与发展。

多元化的需求为农村社区社会组织的发展提供了现实的依据。其中，经济利益的需要是农村社区社会组织形成和发展的重要因素。村民为实现自己的利益，结成了一个社会团体。同时，在满足了经济利益需要之后，村民也会趋向于精神上的追求和人生价值追求，因此，多元化的需求也是农村社区社会组织得以进一步发展的动力。

社会组织的建设和发展离不开政府的支持，农村社区社会组织也是如此。政府一系列政策的出台促进了农村社区社会组织的产生与发展，使其运作机制更加健全，从而保证其更好地为农村社区发展服务。

2. 农村社区社会组织发展面临的阻力

（1）可支配资源匮乏

从社会资源来看，农村社区社会组织与城市社区社会组织相比，组织的数量较少，可以利用的资源也比较匮乏。农村社区社会组织在人力、技术等方面都存在着严重的资源短缺问题。

农村居民的教育水平和综合素质水平直接关系到农村社区社会组织的发展与进步。农村社区社会组织是由当地农村居民组成的，由于社区中受过高等教育的年轻人去城市打工，留守农村社区社会组织中的社区居民大多为没有受过良好教育的中年人、老年人和孩子，他们更没有接受过相关的技术教育。因此，技术人才的缺乏也在一定程度上限制了农村社区社会组织的发展。

（2）缺乏法律保障

社会组织的合法性是其生存和发展的基础，法律和法规是其正常运作的保证。但是，在实际生活中，我国关于农村社区社会组织的法律法规却少之又少。目前，我国许多农村社区社会组织都没有健全的法律和制度。一方面，这导致了与该组织有关的正当权益不能得到保护；另一方面，由于农村社区社会组织活动的开展执行不到位，导致很多缺乏法律知识的农村居民被不法的组织欺骗。

（三）农村社区社会组织发展路径

1. 加大资金、人才等的投入

农村社区社会组织的创新要加强对其"硬实力"的投资，包括财政、人才的培养等方面。资金是农村社区社会组织迅速发展壮大必不可少的物质支撑，同时，大量的人力资源、专业人员和其他社会力量的支持也同样重要。政府应制定相关政策，把大学生、优秀的人才引进农村社区社会组织建设中来，并在劳动保障、福利补贴等方面提供支持。

2. 完善法律法规，提升其合法性

目前，我国关于社会组织的法律法规还不是很完善，因此，必须尽快根据农村社区社会组织的性质和类型，制定相应的法律、法规，明确其性质、权利、责任，以保证其正常运作。同时，要健全有关的法律、法规，以保障其合法权益。

农村社区社会组织经历曲折发展，逐渐走向成熟，其发展对国家治理体系和治理能力的现代化都是有益的，同时也是缓解农村社区社会矛盾、加强农村居民利益表达的重要途径。如何走出困境，寻找有效的出路，是农村社区社会组织发展的当务之急。

二、农村社区社会经济发展工作

（一）农村社区社会经济发展的概念

农村社区是与城市社区相对的概念，农村社区的存在与否取决于农村社区社会经济的发展。人类的物质生产活动与人类生存息息相关，有人存在的地方，就会有物质生产活动，人类的发展离不开物质生产活动。物质生产活动就是经济发展的一种重要表现，也就是说，人类的发展离不开经济的发展。经济的发展是农村社区社会发展的基础，同时，农村社区的发展也会对经济的发展起到促进作用，二者相互依赖，共同发展，密不可分。

（二）农村社区社会经济发展中的工作

随着我国改革开放事业的不断深入，农村社区经济总值逐步增长，农村居民经济收入不断提高，但与城市社区相比，仍存在一定的差距，并且这一差距呈不断扩大的趋势。这其中很大一方面原因在于农村社区基础设施建设较为薄弱，对农村社区经济发展起到的促进作用十分有限，农村社区基础设施建设水平与农村社区经济发展水平不相协调。

在我国农村社区社会工作的开展中，基础设施建设是十分重要的一环，其

不仅是实现农村社区建设的一项重要基础,还影响着农村社区经济的发展及农村社区的和谐稳定。因此,本书围绕农村社区社会经济发展中基础设施的规划展开说明。

1. 水利建设规划

(1)依法管理、合理配置水资源

农村社区认真执行《中华人民共和国水法》等法律法规,强化对地下水资源的统一管理。按照统一规划、全面保护、合理开发、持续利用的原则,对地下水开采实行总量控制,合理调配,发挥地下水资源最大的综合效益。

(2)建立水源地保护区

水源地具有丰富的水资源,但是其生态环境十分脆弱,容易受到污染和损害。为保障供水工程的水源安全,应采取特殊的措施预防水污染。应在水源地设置保护区,禁止一切工业和社会活动,水域周围不得堆放垃圾。

(3)建立节水措施

水源地水资源的供求矛盾十分突出,要实现水资源的可持续利用以保证国民经济的可持续发展,应坚持水资源开源节流并举,尤以节水为主要任务。节约用水和提高水资源利用效率是解决我国农村社区水资源短缺问题的根本途径,同时也能促进农村社区的经济发展,要制定明晰且切实可行的节水措施,强化计量管理,减少管线渗漏,降低用水限额,切实做到节约用水。

(4)设立应急供水水源

农村社区供水水源地的水源井虽主要沿石川河布设,可得到河流侧向补给,但因石川河上游修水库截流,河流经常断流,加之气候异常变化、降水量不均等,在水源地全部运行过程中,旱季可能产生水位持续降低、水量衰减的问题。农村社区应设立应急供水水源,以保障特殊情况下的水资源供应。

(5)设置动态观测井

根据区域地下水变化实际,为掌握地下水位变化状况,农村社区应选择适当位置设置动态观测井,对水源地运行过程中的水位进行观测,以合理指导开发。

(6)地下水回灌

有条件的农村社区要实行地下水回灌措施,以恢复因长期开采而下降的地下水位。

2. 道路建设规划

（1）农村社区道路的功能分工

农村社区道路按其功能可分为交通性道路和生活性道路，两者既相对独立又有机联系。

①交通性道路。要做到交通迅速、顺畅，避免因非机动车和行人频繁横穿马路而产生的交通堵塞。交通主干道路应将公路、仓库、工业区等连接起来，与住宅区保持一定的距离，降低社区居民的生活压力，使公路线形呈直线状，构成路网。

②生活性道路。多为小区内部的道路，要求行车速度要慢，不受往来交通工具所干扰，与居民区之间有便利的联系。人行道要宽，要有良好的绿化环境，同时要考虑到地势的特点，采取平滑的线形道路，以满足居民需求。

（2）农村社区道路系统规划应遵循的原则

①道路路线必须选择在地势高、土质坚硬、地下水位较低的平坦开阔地带，避免经过洪水淹没区、沼泽地等。在地形起伏地区最好沿分水岭布置线路，降低路基造价，提高运输能力。

②路线要短而直。丘陵山区山坡低缓时，道路可沿坡直上；如山高坡陡时，可迂回上山。线路应尽量做包线设计，减少土石方量。

③充分利用原有的道路和各种桥、建筑物。

④各级道路都应与田、渠、林正确配合，不能任意穿过网块。

⑤道路设计时必须就地取材，因地制宜，并为机械化施工创造条件。

⑥道路转弯时，应争取有较大的转角，并适当加宽，使道路平顺，便于通行。

⑦道路不要穿过村庄，应与村庄保持一定的间隔，保证安全和卫生。当必须穿过村庄时，应设绿化带。

3. 能源建设规划

（1）农村社区能源开发与利用

①农村社区沼气。农村社区以农作物种植和畜牧养殖为主，在生产生活中会产生大量的农作物秸秆、杂草、树叶及人畜粪便等废弃物，将这些有机质放入建造好的沼气池中，控制好温度、湿度，发酵产生可燃烧气体——沼气，从而实现生物能源的绿色开发和清洁利用。

②农村社区太阳能。作为可再生能源,太阳能的开发利用一直是贯彻乡村振兴战略的工作重点。通过推广太阳能光伏电池、太阳能热水器等,将太阳能转化为电能与热能,作为农村社区日常生产生活的清洁能源,可有效改变农村社区烧柴做饭的局面,减轻焚烧对农村社区环境的污染。

③农村社区水资源。加大对农村社区水资源开发利用的管理力度:引进水循环利用技术,构建全面覆盖农村社区地区的废水收集网络,集中回收一次性生活用水,通过无害化处理,再用于农业生产,再生水中的有机物也有助于提高土壤肥力,保证农村社区生产生活用水的安全可靠。在农业灌溉方面,通过节水灌溉技术的推广提高水资源的利用率。在雨水充沛地区,建设专门的蓄水池用于雨水收集,对水资源利用进行统筹调度;而在水源贫瘠地区,通过调整种植结构,既保证了经济效益,又最大限度地节约了农业用水,实现了农村社区生产生活用水的供需平衡。

(2)农村社区能源建设的建议

①继续深化能源开发利用改革。首先,必须推进基层政府职能部门工作机制改革,尤其是对县级农村社区能源工作站、农业技术推广中心等机构的工作机制要进行大力度改革,使其更好地服务农村居民群众,更好地服务农村社区能源建设工作。其次,还必须在力所能及的情况下,逐步提高农村社区能源建设机构的宣传推广经费预算,不断加大对沼气池建设管护的补贴额度。再次,还必须加大人才引进力度,引进一批专业对口的大学毕业生,增强农村社区能源建设部门和机构的技术水平和工作能力,更好地服务农村社区能源建设事业。

②全力发展循环农业新模式。发展以沼气开发利用为代表的循环农业新模式,对于推进农村社区资源循环利用和现代农业持续发展具有重大意义。一方面,要切实加大技术研发投入,优化农业结构,积极引导和扶持群众发展优质高效农业,采取"基地+农户""合作社+农户"等模式,不断扩大特色种植业、养殖业规模,高标准推进特色种植业、养殖业示范基地建设,有效带动养殖业和种植业的联动发展。另一方面,要全面推广秸秆还田模式,以减少焚烧排放、增加农田肥力的生态循环为目标,积极推动农业废弃物的开发利用,变废为宝,使之成为提高耕地肥力的有机肥料,从而有效降低化工肥料的使用,更好地保护生态环境,更好地促进美丽乡村社区建设。

③全面推广太阳能。综合利用《中华人民共和国可再生能源法》将农村社区太阳能综合开发利用列入能源建设的组成部分,应尽快制定农村社区太阳能

社区社会工作与社区治理研究

综合开发利用规划和具体实施办法，把太阳能开发利用列入能源建设的总体规划，有计划、有步骤地加大太阳灶、太阳能热水器、太阳能采暖房的推广。要制定和规范建设标准，引导企业不断提高产品质量，建立良好的售后服务体系和乡村组织的监管体系，真正使太阳能的综合利用成为农村社区环保节能的重要工程。

④积极推进再生能源的开发利用。对农村社区居民已经接受的节柴灶、节燃炕技术，要继续大力推进，并不断改进完善。在尚未推广的山区，应当加大工作力度，加快推广普及速度。对已经试验成功的商品化成型炉，采用推介会、现场会等形式加大推广力度，积极拓展市场。要大力扶持科研部门研究开发再生能源的新技术和新产品。应设立奖项，专门奖励在开发利用再生能源方面做出贡献的科技工作者和推广者，在全社会形成推广利用再生能源的良好氛围。

三、农村社区社会人口管理工作

（一）农村社区常住人口管理

农村社区常住人口管理是我国农村社区人口管理的主要内容，即对经常居住或长期居住在某村的居民实行的一种规范管理。农村社区常住人口管理包括以下内容。

第一，人口登记管理。对常住人口的基本情况进行登记，及时采集常住人口的信息，在信息发生变动时及时进行变更，以便了解、掌握常住人口的基本情况。

第二，居民身份证管理。根据公安机关的部署以及社区村民的要求，及时协助有关部门做好居民身份证件的领取、换领、补领等方面的工作，以方便居民日常生活使用。

第三，常住人口的信息化管理。协助有关部门做好常住人口的资料变换和信息更替工作，及时更新变动信息，做到与实际相符，以常住人口为重点，做好档案信息管理工作。

（二）农村社区流动人口管理

1. 农村社区经济政策改革创新

首先，积极推进农村社区流动人口社会保险制度，尽快实现社会保险的无缝转移对接。要严格按照相关法规政策，采用行政手段，分步骤、有层次地在农村社区内部推行社会保险扩面工作，最终实现农村社区流动人口社会保险的全面覆盖。此外，通过广泛的宣传教育、完善财政转移支付等多种措施，方便农村社区流动人口办理各种转接手续，从而全面保证农村社区流动人口社会和医疗保障水平。

其次，要进一步将农村社区流动人口纳入城镇住房保障体系中，切实解决好农村社区流动人口的住房问题。通过政策鼓励带动，鼓励各个企业和社会组织参与到地区保障房建设中，对于符合政策的农村社区流动人口应该纳入地区的保障房体系中。

最后，进一步完善农村社区流动人口子女的教育制度。进一步改革中考和高考制度，使高考资格和户籍制度相脱离，保证教育机会的均等。

2. 农村社区流动人口服务管理体制创新

首先，进一步推动农村社区流动人口服务管理体制的改革和创新。在乡镇等基层地区应该建立健全农村社区流动人口统筹管理和高效的运行管理体制，改革农村社区流动人口宏观调控机构，加强对农村社区流动人口的统筹协调管理，确保农村社区流动人口服务管理工作能够得到落实。

其次，建立健全农村社区流动人口综合信息管理系统。在进一步完善农村社区流动人口管理机制和管理机构的基础上，由农村社区流动人口管理部门带头，多部门参与，建立完善和统一的农村社区流动人口信息采集系统，实现农村社区流动人口信息的跨区共享。

最后，构建农村社区流动人口社区化服务管理体系。在农村社区流动人口管理部门的统一管理下，利用上述信息管理系统，运用社区管理机制和手段，形成一个完善的社区服务管理网络，协助上级管理部门做好各项服务管理工作。

3. 农村社区流动人口服务方式和方法改革创新

首先，进一步扩展农村社区流动人口居住证的公共服务功能，促使农村社区流动人口积极主动登记，这在保护农村社区流动人口享受合法权益的同时，也能提高农村社区流动人口信息采集的效率和质量。

其次，以居住证登记为载体，以管理好农村社区流动人口登记办证和租房为重点，以信息统一联网共享、动态管理农村社区流动人口为重要依据，将农村社区流动人口的居住管理、公共服务和社会保障制度纳入农村社区流动人口登记制度中，结合相应的农村社区流动人口服务管理制度，提高农村社区流动人口管理水平，确保农村社区流动人口享有应有的权利和服务。

（三）农村社区计划生育管理

农村社区计划生育管理主要针对本村的常住人口，此外还涉及在本村居住生活的流动人口。因此，农村社区计划生育管理的对象可以分为以下两类。

1. 常住人口的计划生育管理

对常住人口的计划生育管理，要按照法律规定和村庄的具体实际条件，做好农村社区人口的规划和计划生育的管理。要按照当地的人口情况和计划生育的相关规定，制定符合当地实际的人口规划，经村民代表大会表决通过后，予以公布和实施；要及时了解本村育龄夫妇婚后的生育状况和育龄妇女的孕检状况等，确保计划生育政策的实施。

2. 流动人口的计划生育管理

目前对流动人口计划生育的管理主要由流动人口的原居住地负责管理。农村社区应配合政府加强对外来人员的管理工作，将其纳入当地计划生育管理范畴，开展计划生育宣传，帮助核实相关的婚育证明，了解他们的婚育状况，组织相关部门为他们提供计划生育服务、指导优生优育和其他生殖保健服务等。

（四）农村社区人口迁移管理

农村社区人口迁移管理是指对因婚姻、升学、投亲、参军、退伍等发生的户籍迁移所进行的协助管理。由上述因素所带来的正常的户口迁出和迁入，村委会要实事求是地开具有关证明信件，协助村民办理户籍迁移，对迁入人口要适时给予土地、山林等方面的经济资源，确保他们能够享有正常生产和生活的权利。

四、农村社区精神文明建设工作

（一）农村社区精神文明建设工作的主要内容

农村社区精神文明建设是指通过一定科学方法和手段促进农村思想道德建设与文化建设的系统工程。农村社区精神文明建设是社会主义精神文明建设的重要组成部分，是农村社区物质文明的精神动力、智力支持和思想保证。

我国农村社区精神文明建设是社会主义精神文明建设的有机组成部分，二者的建设内容大体一致,农村社区精神文明建设主要包含农村社区思想道德建设和农村社区文化建设两个方面。

1. **农村社区思想道德建设**

农村社区思想道德建设是指通过思想道德教育的方式提高农村居民的思想觉悟与道德水平。其建设内容主要包括以下几点。

①进一步提高农村居民的思想觉悟。要对广大农村社区居民加强理想信念教育,引导农村居民接受符合时代发展需要的科学观念,破除封建守旧思想和陈规陋习。

②进一步提升农村居民的道德素质。要对广大农村社区居民深入进行社会主义核心价值观教育,提升农村社区居民的道德水平,形成农村社区文明新风尚。

③进一步提升农村社区居民的法律素养,引导农村社区居民自觉尊法、学法、守法、用法,依法表达诉求、解决纠纷、维护合法权益。

2. **农村社区文化建设**

农村社区文化建设是指通过培养各类文化人才和完善乡村公共文化服务体系的方式,提高社区居民的文化素养,满足社区居民的文化需求。其建设内容主要包括以下几点。

①培养文化传承人才、专业管理人才和教育人才,健全人才队伍,使农村社区科学文化得到创新发展。

②深入挖掘传承创新优秀乡土文化,保护农村社区中的物质文化遗产以及非物质文化遗产,并结合时代内涵进行创新发展。

③完善农村社区公共文化基础设施,给社区居民提供必要的文化活动场所,如图书馆、文化馆等。

④开展丰富多样的文化娱乐活动,持续推动文化下乡,大力扶持民间文艺社团和业余文化队伍,充分激发社区居民自办文化娱乐活动的积极性。

(二)推进农村社区精神文明建设的实施途径

推进农村社区精神文明建设是实现乡村振兴的灵魂工程,要以新时代文明实践中心建设为统领,守正创新,把握好农村社区不同地区的发展差异、社区居民的思想特点和接受习惯,调动各方资源力量,形成统筹推进农村社区精神文明建设的强大合力。

1. 把准方向

精神文明建设必须坚持正确方向，就是弘扬和践行社会主义核心价值观，以社区居民群众喜闻乐见的方式，深入开展习近平新时代中国特色社会主义思想学习教育。要明确方向和任务，把握大势，突出思想道德建设和理想信念教育，以符合农村社区特点、社区居民实际，接地气又有温度的方式开展中国特色社会主义和中国梦宣传教育。

同时，要加强法治教育，结合普法活动传播好法律知识，引导社区居民树立法治观念，学会通过法律途径表达诉求、维护合法权益。要广泛开展政策宣讲活动，宣传好党的路线方针和惠农政策、地方发展规划，大力推进社会主义核心价值观教育，不断增强社区居民群众对中国特色社会主义的政治认同、理论认同和情感认同。

2. 创新载体形式

（1）加强农村社区文化阵地建设

以农村社区新时代文明实践中心建设为载体，大力推进文化广场、村文化室、体育健身器材及其他文化场馆建设，为群众读书看报、休闲娱乐等文化活动提供场地和空间。注意综合用好农村社区各类公共文化空间，提高利用率。进一步挖掘乡村传统文化，如古祠堂、古桥梁、古村落等文物古迹和农村社区遗存，以及祭祀活动、民间艺术、节日习俗等流传下来的文化活动，保护传承好乡村文脉，切实发挥其在凝聚信仰信念、提高村民归属感上的重要作用。

（2）开展丰富多彩的文化活动

立足当地已有文化活动的基础，发挥好农村社区文化能人的作用，因地制宜组建秧歌队、健步走队、广场舞队等群众文化活动团体，并开展比赛、展演等活动，通过"社区居民演给社区居民看"等形式激发广大社区居民自觉参与活动的意识，并力争将其融入社区居民的日常生活。

各级党委政府要为农村社区群众文化活动提供有力支持，推进"艺术惠民"工程，鼓励和引导市县专业文化团体不断创作出符合群众期待和要求的文艺作品，开展好文化下乡活动。

（3）推进志愿服务活动

志愿服务是社会文明最直观、最有代表性的体现方式。要巩固农村社区在"熟人社会"基础上所形成的邻里互助的优良传统，在法治、自治、德治的指引下，发扬"奉献、友爱、互助、进步"的志愿服务精神，推动农村社区构建现代志愿服务体系。各村要建立志愿服务组织并登记造册，不断完善农村社区志愿活动网络，鼓励党员干部带头开展志愿活动。

要根据农村社区社会的新特点、新矛盾对志愿者进行培训，与空巢老人、留守儿童、残障人士等特殊群体开展结对帮扶活动，为困难群众提供有针对性、常态化的志愿服务，通过志愿活动推进精神文明建设。

3. 推动农村社区人居环境提档升级

人居环境情况是农村社区精神文明建设的重要体现。要牢固树立"绿水青山就是金山银山"的理念，加强农村社区生态环境建设，把全面推进农村社区人居环境整治作为实施乡村振兴战略、推进精神文明建设的必然要求和重要途径，持续开展"千村美丽、万村整洁"行动，深入学习推广浙江"千村示范、万村整治"工程经验，全面推开以农村社区垃圾污水治理、厕所革命和村容村貌提升为重点的农村社区人居环境整治，让广大社区居民有更多获得感、幸福感。要稳步推进农村社区生活污水集中处置，因地制宜做好农村社区生活生产垃圾处理，推进垃圾分类，落实好集中收集转运要求，大力推进城乡一体化处置。在农村社区厕所革命上，要明确技术规范和建设方法，总结推广适用于不同地区的经验模式，注重实效，稳步提高卫生厕所普及率。要充分调动社区居民自身参与环境整治的积极性、主动性，开展净化庭院活动，推进村庄绿化美化工程，村内杜绝私搭乱建，杜绝柴草乱堆、污水乱泼、畜禽乱养等现象，多措并举解决好农村社区脏乱差的问题，逐步提高社区居民的生态意识和文明理念，努力打造天蓝地绿水清的人居环境。

4. 发挥农村社区居民的主体作用

在推进新时代农村社区精神文明建设工作中，要深入实施公民道德建设工程，全面提高社区居民的思想认识、文化素质和法治理念，改变与时代发展不相适应的生活方式和行为模式，因势利导、顺势而为，使培育和践行社会主义核心价值观成为社区居民的自觉行动。

（1）加强科技文化培训

生产力决定生产关系、经济基础决定上层建筑。推进精神文明建设的首要问题仍是解决好农村社区发展和社区居民致富的问题。要加大社区居民的科技知识培训，帮助社区居民提高实用技能、科技素养和致富能力，培养一批"有文化、懂技术、会经营"的新型农村社区居民。发挥好各类农村社区产业合作社的作用，大力推广先进种植养殖经验，拓展农产品深加工项目，积极培育壮大农村社区中小微企业，吸引和鼓励更多年轻人回乡创业就业，推进农村社区产业发展。

（2）发挥先进代表的带动作用

选出一批对农村社区文化活动有基础、有热情、口碑好的先进代表并组织学习培训，组建农村社区文化骨干队伍，发挥他们在文化活动中的带动和引领作用。乡贤人士是在当地受人尊重、德才兼备的贤达人士，在农村社区精神文明建设中可较好地补充现有工作短板，积极探索"乡贤+"工作模式，按照乡贤能力特长，指导基层试行组建乡贤智囊团、文艺团、说和团等组织，发挥不同领域乡贤在服务本地矛盾纠纷调解、乡风文明督导等方面的作用。

（3）推进农村社区移风易俗

农村社区不同的地区在不同程度上存在铺张浪费、大操大办、天价彩礼、厚葬薄养、封建迷信等问题，这不仅与农村社区精神文明建设背道而驰，也成为制约农村社区发展的极大障碍。要深入开展移风易俗、破除陈规陋习的工作，党委政府层面制定相关规范标准，要求广大党员干部发挥示范作用，倡导红白喜事简办新风。发挥好村民议事会、道德评议会、乡贤人士的作用，制定并执行好村规民约，加大诚信体系建设，培育社区居民形成良好的行为理念和文明生活方式。各级党委政府也可以针对所在区域的突出问题，以树新风、扬正气为主题，对天价彩礼、人情攀比、殡葬市场、农村社区演出市场等适时进行专项治理，做到既解决思想问题又解决实际问题。

5. 形成农村社区精神文明建设合力

（1）完善农村社区精神文明建设工作机制

县级政府层面需压实精神文明建设领导小组及成员单位的责任，完善支持保障农村社区精神文明建设的具体政策，打破条块分割，建立各部门统筹联动推进工作的有效机制。将精神文明建设工作完成情况作为考核各单位工作成效的内容，把"软任务"变成"硬约束"，让社区居民切实感受到农村社区精神文明建设的成效与成果。精神文明建设是一项公益惠民的系统工程，需要各级地方财政统筹谋划，划出专项资金用于农村社区精神文明建设。对于相对贫困地区要给予特别关注，必要时应加大经费支持。

（2）推进文明家庭、文明村镇创建评选活动

农村社区精神文明建设关键在家庭、在村镇。要通过开展传承家风家训，"最美家庭""五好家庭""好公婆好儿媳"等创建评选活动，树立典型和示范，

广泛开展学楷模、学先进活动，用身边摸得着、看得到的正能量带动引导良好家庭、家教、家风建设。在文明村镇建设中，要抓住文明乡风建设这个"牛鼻子"，进一步完善细化文明村镇建设标准，强化标准的指导作用和考核的引领作用，还要建立动态调整机制，按规定和程序取消不符合标准的文明村镇称号。

（3）开展文明结对共建活动

可联系机关单位、行业协会等组织与各农村社区开展精神文明结对共建活动，发挥共建单位在资金、技术、人才、信息、项目等方面的优势，帮助农村社区进行社区规划、产业项目发展、志愿服务等工作，指导精神文明建设，提高农村社区的文明程度。同时，注意鼓励和引导社会力量参与和支持农村社区精神文明建设。

五、农村社区经济与生态环境协调发展工作

（一）发展绿色生态经济

在农村社区经济与生态环境协调发展的思想指导下，通过优化和调整农村社区产业结构，大力发展绿色生态经济，提升资源利用率，实现废弃物的回收利用，可以使农村社区的经济发展步入良性循环，促进生态环境的健康发展。

首先，按照地域特点种、养植农产品，发展绿色产业链，如鲜食玉米、绿色水果、健康绿色肉类等食品产业。

其次，打造农产品品牌、进行以市场为导向的农产品销售、建设绿色产品生产基地、种植有机农产品、提升农产品的附加值，增加社区居民收入，发展绿色生态经济，促进农村社区经济的增长。

（二）加大生态建设的资金投入

农村社区的生态建设离不开资金的支持，政府等部门应加大对农村社区生态建设的经济投入，并设立多方融资渠道，为农村社区的生态建设提供资金支持。

要强化资金管理，合理使用资金，落实好政策，解决好当前农村社区突出的问题。例如：农村社区无垃圾处理设备，可在合适的位置建立回收站，解决长久以来的垃圾乱堆问题。资金使用要做到公开透明，专款专用，为农村社区生态建设做足做好工作，切实为社区居民做实事。

(三)开展生态环境保护宣传教育工作

由于受传统思维与生活习惯的影响,社区居民的生态环境保护意识较差,应通过大力宣传和教育提高农村社区居民的生态保护意识,改变传统思想观念,使农村社区居民认识到生态环境保护在经济发展中所起的作用及保护生态环境的重要性;让农村社区居民认识到合理使用农药和化肥带来的益处,帮助农村社区居民节约生产成本,提升收益,促进农村社区居民利用有机肥料生产效益高的绿色产品;加大对水资源保护的宣传工作,帮助社区居民树立节水意识;宣传秸秆燃烧对环境的污染力度,教会农村社区居民正确处理垃圾;提高农村社区居民的环境保护意识,使他们从思想和行动上支持环境保护项目的开展。

(四)开展农业种植培训工作

第一,利用科技手段,根据区域的环境特点,培育新的优质品种,减少农药和化肥的使用量。

第二,利用科技手段对土壤进行监测,依据土壤成分合理使用肥料。

第三,节约农田灌溉用水,采用现代耕作方法,大力发展喷灌技术,改善灌溉质量。

第四,组织农业生产技术人员到现场指导农村社区居民耕作,提高农村社区居民的种植技术,促进粮食增产、增收。

第七章 社区治理中的社会工作方法

现阶段，社区在社会治理中发挥着重要作用。把社会工作方法引入社区治理，不但能够提高社区治理和服务的质量，而且还能将在实践中总结的经验教训用于进一步充实社会工作实务和深化社会工作理论，进而指导社区工作者的工作，使其能充分地发挥专业优势，发展自下而上、以人为本的社区治理模式，以实现社区融合和促进社会的和谐与发展。本章分为个案工作方法、小组工作方法、社区工作方法三部分，主要包括个案工作的含义、个案工作的程序、社区工作方法的具体运用等内容。

第一节 个案工作方法

一、个案工作的含义

个案工作是社会工作传统的三大方法中形成最早的方法，也是其他方法的基础。它以社区中的个人或家庭为研究对象，与小组工作和社区工作的区别在于，个案工作更有针对性，也比其他两种工作方法更高效，但也有它的不足之处，就是每次只能介入一个人或一个家庭，工作效率比较低。

二、个案工作的程序

在社区治理中，个案工作主要分为六个步骤，具体分析如下。

（一）接案

接案是社区工作者与案主接触的第一步，主要目的是通过与服务对象的初步接触对其带来的与社区治理有关的问题进行初步估计，评估社区工作者是否可以提供社区服务，使服务对象成为案主。接案时，建立一个良好的专业关系是非常重要的，只有良好的专业关系才能让社区工作者了解案主的需要，有利于在一定时间内达到有效的助人目的。

（二）预估

预估是在接案后，也就是社区工作者与案主建立了初步工作关系后进行的。预估主要是搜集案主的基本资料，并根据资料做出案主的需求评估，寻找案主存在的问题，并确定问题的性质，发现解决问题的入手点。这一阶段的主要目的是为以后制订有效的介入计划打下基础。

（三）计划

当预估了案主存在的问题后，就可以为其制定明确的改变目标和具体的实施方案。计划是为下一步的介入服务的。计划首先要制定目标，目标的陈述要简单易懂，主要是促进案主的成长。在制订社区服务计划时，注意一定要让案主参与进来，制订计划时要注意发挥案主的优势，有利于他们在社区工作者介入过程中积极地参与进来。

（四）介入

社区工作者助人过程中最重要的一部分就是介入阶段，在这一阶段，社区工作者要实施和推进之前与案主协商之后制定的目标，协助案主解决其存在的社区治理问题，并鼓励案主在想要放弃的时候坚持下去，从而实现制定的目标。

（五）评估

评估分为过程评估和结果评估。过程评估是对社区工作者介入过程的每一个阶段进行评估，关注是否达到了本阶段的目标，并总结案主与前一阶段相比的变化；结果评估是运用专业的实务方法测试介入前后的变化，对整个介入进行评价，观察其是否完成了介入前的目标。

（六）结案

到了结案阶段就意味着社会工作的介入基本完成，结案的前提大多是社区工作者帮助案主解决了其存在的社区治理问题，还有可能是案主已经能够自己解决问题，或者是社区工作者解决不了案主的问题。出现了上述几种情况，社区工作者就要和案主结束这种专业的关系了，但有时也会出现因为服务双方出现特殊情况而终止服务的情况。结案并不意味着社会工作服务结束了，结案后社区工作者要对案主进行持续跟进并回访,了解案主在结案后的改变情况,必要时为案主提供帮助。

三、个案工作的实施原则

在社区治理中,社区工作者在对案主进行个案介入时,首先要建立信任关系,并在介入过程中遵守一些基本原则。综合考察国内外学者的各种概括,笔者总结出以下五个个案工作的实施原则。

(一)个别化原则

社区工作者要意识到每一个案主都是独特的个体,要关注案主在心理上、生理上和所处社会环境上的独特性,并相信案主对自身遭遇的社区治理问题和困境有自己独特的看法和感受。因此,社区工作者也要根据不同案主的不同情况制定适合他们的方案。

(二)接纳原则

社区工作者要把每一个案主都看作独特的个体,要承认他们独特的个性、特征、行为和观念等。接纳不是赞同,接纳的态度可以让案主自由抒发自己的观点,不会有任何顾虑,也方便社区工作者确定案主的问题,有助于后期的介入。

(三)尊重案主自决原则

案主有自我决定的权利,即使案主有时会出现逃避、放弃或推卸自我决定的情况,社区工作者也只能在旁边协助并引导,最终鼓励案主自己做出决定,不要让案主养成依赖的心理。

(四)社区工作者自我控制原则

社区工作者要尊重案主的决定,不论他的决定是否违背了社区工作者的想法。社区工作者在介入过程中,任何行为都要做到出于理性,避免将个人偏见、冲动等带入助人过程中,以帮助案主顺利实现自我成长和发展。

(五)保密原则

社区工作者对案主的任何资料都要保密,并尊重案主的隐私权。不管案主有没有要求社区工作者保密,社区工作者也要进行保密,这有助于与案主建立信任关系,更快地了解案主内心的真实想法。

四、个案工作的主要模式

（一）任务中心模式

任务中心模式是指通过为案主提供简要有效的社区服务，在有限的时间内解决或减轻案主所认定的社区治理问题。

1. 基本假设

第一，案主能够发挥能动性，拥有自主解决问题的能力。案主拥有决定权，包括是否解决问题和采取什么方法解决问题。

第二，聚焦问题本身而非案主，设立的任务是具体的、有限的，目标具有达成的可能性。帮助案主学习有效解决问题的方法，并能够将学习的方法运用到生活中的其他问题上。

第三，人们在成长过程中会面对许多问题，当问题无法解决时就会陷入困境，通过社会工作专业服务的介入，帮助案主界定问题并对问题进行排序，制定相应的任务，指导并鼓励案主完成任务，促进社区治理问题解决。

2. 介入过程

在实际的社会治理过程中，可将任务中心模式的介入过程分为以下四个阶段。

第一阶段主要是对案主的问题进行预估，关注案主的自身情况、所处境遇以及当前需求，社区工作者应注意指出案主没有关注到的问题，并将问题罗列出来。

第二阶段主要为倾听案主主动陈述自身的问题，确认现阶段出现和亟待解决的问题，根据轻重缓急对问题做出排序。

第三阶段主要是根据指出的问题制定相应的任务，社区工作者和案主共同努力，达成相应的任务目标。在此阶段要注意任务的先后顺序，发挥案主的自我能动性。

第四阶段是结案评估环节，通过任务的逐一完成，确定可以结案。结束服务关系时需要妥当处理离别情绪，并商定服务结束后还需要继续保持的任务。要对服务过程和服务成效进行检验，确保社区服务的完成度和有效性。

（二）叙事治疗模式

叙事治疗是按照"人不是问题，问题才是问题"的思路，引导案主外化问题、重构故事、激发内心力量的过程。每个人在自己的成长历程中会受到自身家庭、社会和历史文化的外在影响，形成一种价值体系和标准来约束自己，当自己没有满足这套标准时，就会非常痛苦。叙事治疗模式就是对这种固有的观念标准进行解构，从事情的根源去思考对自己有困扰的问题，改变对过去事件的认知，挖掘自身力量，重新建构一个新的人生故事。

1. 基本内涵

传统心理治疗的重点是发现并判断案主存在的问题，分析产生问题的原因，提出干预计划。但是，中国人大多含蓄，排斥心理健康问题，传统的心理干预方式会不断地触碰案主的"伤疤"，使得很多人排斥心理健康问题和心理健康治疗。而叙事治疗理论认为，问题并不存在于案主身上的客观事物，而存在于案主受传统经验影响的叙事之中，叙事治疗关注案主的故事，将个人和问题区别开，不深挖问题产生的原因，引导案主自我改变，积累积极力量，激发案主的内在能量，符合中国人重面子的传统心理和擅长反思改变的性格。

在社会治理的实践应用中，叙事治疗很好地维护了案主的形象，并不是深挖问题，而是和案主一起寻找和重温人生的闪光点，让案主感受到自己的人生是积极的，并不是充满问题的。叙事治疗将案主的注意力转移到人生积极的故事上，不断强化丰富闪光点，当积极故事占据案主人生的叙事时，消极的问题就不存在了，问题的影响也就消失了。

2. 主要步骤

许多学者认为，受后现代主义多元化思想的影响，叙事治疗没有固定的标准技术程序，社区工作者在使用叙事治疗的过程中，需按照案主的情况制订个性化的有针对性的服务计划。澳大利亚临床心理学家麦克·怀特和新西兰奥克兰市家庭治疗中心的主任大卫·爱普斯顿认为，叙事治疗一般的步骤包括：倾听案主诉说人生故事；引导案主确定并命名目前的问题；外化问题；考虑现实中的人际关系、利益权利问题；解构故事；引导案主选择新的观点，讲述另外可能的人生故事；书写新的人生故事；将新的人生感悟在生活中实践。

叙事治疗没有系统的治疗体系，但是相关学者和工作者通过研究实践认为，叙事治疗有核心的技术，那就是外化案主的问题，解构并重构故事、巩固新故事。相关学者在阅读收集到的叙事治疗理论及实务应用方面的文献后，学习了我国社会工作实务经验和理论研究，结合案主的实际情况，将叙事治疗服务分为以下六个阶段。

（1）第一阶段：建立信任的关系，达成合作共识

在进行社区工作干预服务时，社区工作者应该最先和案主达成互相相信的默契，如果没有信任的基础，在后续的介入服务中社区工作者与案主便无法有效地互动。因此实施的第一阶段是与案主建立信任关系。

（2）第二阶段：叙述旧有故事，探讨主流叙事的影响

这一阶段主要是案主叙说自己的故事，社区工作者以倾听案主的叙事为主，要坚信每个案主的故事都是独特的，把案主视为人生问题的专业研究者。在这一阶段中，社区工作者要以"不知"的态度开始，将专业者的姿态放到一边，尽量少用"我知道了""我感受到了"等总结性的语言，多用启发性的词语，如"愿闻其详""可以再具体一点吗""可以说个生活中的例子吗""还有吗"等，类似的语言可以建构出积极的互相信任的氛围，引导案主放心说出自己的故事，将案主作为本次服务的主导者，同时社区工作者通过服务对象的叙事找出困扰案主的主流叙事。

（3）第三阶段：外化问题，解构并寻找例外

案主叙说的故事展现了自我的生活和社会关系，把问题外化可以让服务对象和问题分离，解构原有的消极叙事，让案主减少消极感，可以引导服务对象为问题命名，这样对案主来说，可以以新的视角来看待原有的消极的人生故事，让案主意识到问题是独立的，自身并不是问题。社区工作者可以和案主一起讨论问题个体对自己的情绪、身体、生活、社会家庭关系的不利影响，把问题外化，增强案主对抗问题、战胜问题的能动性。社区工作者要引导案主发现生活中被自己忽视的例外故事，发现这一例外故事可能是案主新生活的转折点，继而让案主在过往局限性的叙事中抽身出来，放开眼界，发现更多的例外故事，增强自信心，从而顺利帮助案主看到满是希望的生活，找到人生意义，减少消极情绪。

（4）第四阶段：由厚到薄，丰富新故事

通过丰富积极的新故事，可以有效对抗过去消极的故事，新故事从单薄到丰厚是一个动态积累的过程，因此，在由薄到厚的过程中，社区工作者要引导服务对象积累积极力量，将焦点放到案主过去曾经经历过却忽视的美好事例中去，例如，可以问案主"这个事情是怎么做到的""现在想想这件事会有什么感觉"等。这一过程可以使案主不断地肯定自己，强化自我内在的力量，使服务对象可以用新的积极的视角看待自己的过去，并对自己的未来充满希望。学者李昀鋆认为，由薄到厚的过程可以强化改变的决心和动力，这也符合国人的心理特点。对案主来说，这一行为并不陌生。

(5)第五阶段：延展新人生，见证变化的力量

关于如何巩固新故事、延展案主新的人生故事，在阅读了大量实务文献后，可以发现许多社区工作者在叙事治疗中会使用见证这一手段，通过邀请相关人员来见证案主的变化，以此来强化案主的积极力量。

见证是一种有仪式感的行为，见证的可以是案主丢掉过去消极人生的仪式，也可以是案主开启积极的新人生的仪式。案主本来就生活在社区环境中，与他人的互动必不可少，他们人生的每一阶段都是有人见证的，相关人员的见证和反馈可以帮助案主增强自信，他人的肯定可以给案主带来更加积极的力量，获得更多的力量。在见证的过程中，案主也可以发现自己更多的闪光故事，社区工作者可以协助案主用正向的眼光看待自己和家人、朋友，并且引导案主合理使用这种正向的力量，使案主从消极的情绪中解脱出来，以积极的视角看待自己的未来，开启新的生活。

在见证环节，家人的支持对案主来说是非常重要的，家人不仅要对案主的变化及时给予肯定，也要为案主提供支持，关注案主的情绪变化，给案主心理上的支撑，从而改善家庭关系。

(6)第六阶段：评估案主状况，进行结案

了解干预服务后的案主情况可以评估本次社区服务工作的效果，在跟进阶段主要了解案主在服务完成后的情况。如果案主在服务结束后依然能保持服务过程中的状态，甚至变得更加积极，那么可以认定此次社区服务工作取得了良好的效果，是成功的。

（三）心理社会治疗模式

心理社会治疗模式是社区社会工作的传统模式，也是个案工作中经常采用的治疗模式之一。心理社会治疗模式通常将案主的问题与案主自身的心理动态、过去的生活经历以及周围的社会环境相联系。它通过对心理、社会环境层面的可能性因素的系统分析，综合诊断案主的问题，挖掘案主的问题产生的根源，再根据现有资源因地制宜，多层面介入案主的问题。该模式不仅注重案主周围社会资源的联结，更注重案主自身功能的发展和能力的成长。心理社会治疗模式可以帮助案主打破困境，消除不良影响，恢复身心平衡，增强自我调节能力。

1. 基本内涵

1930年，"心理社会"这一概念被美国史密斯学院的富兰克·汉金斯首次提

出，随后，美国哥伦比亚大学的戈登·汉密尔顿对心理社会治疗的个案工作理论模式进行了梳理，该理论吸收了精神分析学的理念和方法。芝加哥大学心理社会学派的代表人物托尔在汉密尔顿的个案工作模式上进行了修正与补充，进一步阐释了心理社会治疗模式，他认为需从"人在情境中"的角度着手研究心理社会治疗模式，基于人的心理和外在环境的共同作用理论来研究人的行为更具科学性。

心理社会治疗模式认为，个人生活在特定的社会环境中，受生理、心理、社会三方面因素的影响。用辩证的思维方式来看，个人的生理因素会影响心理因素，心理因素会影响社会（人际）关系状况，社会（人际）关系状况又会反作用于心理因素和生理因素，这三方面因素是相互影响、相辅相成的关系。因此，不能简单地将案主的问题归结为某个或者某方面的因素，它是各种因素综合作用的结果。

心理社会治疗模式强调，社区工作者在服务过程中应运用"人在情境中"的系统理论，将案主放在其所处的社区社会环境中来认识，根据实际的社区社会环境来分析案主存在的问题，案主的问题与其过去、现在以及问题处理过程中的压力息息相关，需重视家庭成员间的沟通，从个人优势出发，发掘服务对象的潜能并激发案主改变的动力。

直接治疗和间接治疗是心理社会治疗模式的两种方式。在心理社会治疗模式下的个案介入过程中，社区工作者一方面对案主进行直接治疗，另一方面要对案主的家庭成员进行间接治疗。在直接治疗和间接治疗过程中，社区工作者应根据社区治理工作的实际情况适时运用探索—描述—宣泄、支持、直接影响的服务技巧，通过多种服务技巧和服务方式共同作用于案主，从而达到个案计划工作中制定的服务目标（总目标和分目标）。

2. 主要特点

心理社会治疗模式在实际运用中有其自身的特点，即该模式结合了医学治疗模式，在实务中将服务过程分为研究阶段、诊断阶段和治疗阶段。其理论基础是"人在情境中"理论，注重根据心理、生理和社会诸方面因素来综合分析案主的问题，注重环境对人的影响，认为案主的问题是其所处的环境互动所产生的结果而非单单由案主自身原因造成的。心理社会治疗模式的主要特点表现为以下三个方面。

第一，心理社会治疗模式强调综合因素，从案主的生活场景中了解案主。在社区服务过程中，社区工作者注重从案主的人际交往活动中来获取资料，同时将案主当前面临的问题与案主的过往经历相结合,探讨困扰案主的潜在影响因素。

第二,心理社会治疗模式运用综合的诊断方式,突破了单一的诊断方式的限制。心理社会治疗模式有三种诊断方式:一是心理动态诊断,即评估案主人格各部分之间的相互关系;二是缘由诊断,即分析案主的变化过程;三是分类诊断,即分析和判断案主的生理、心理和社会问题的因素。在诊断案主的问题时需要关注案主心理发展过程中的人格结构关系及人生经历,对影响案主的个人因素和环境因素进行综合考量,关注案主产生变化的过程,在诊断时综合分析和判断影响案主的生理、心理和社会因素,运用综合的诊断方式力求对案主的问题有更全面的了解。

第三,采用多层面的介入方法。心理社会治疗模式通过生理、心理和社会多层面的介入方式服务案主,并澄清如下问题:一是案主心理不安的问题;二是案主功能失调的问题;三是案主的适应能力问题;四是案主的潜在能力激发问题;五是案主的人际关系改善问题。

3. 应用优势

心理社会治疗模式在个案工作中的优势包括以下几个方面。

(1) 对案主个人、家庭、社会环境较为关注

社区工作者在心理社会治疗模式下,会将案主放在其所处的个人、家庭、社会环境中去研究,非常看重环境因素对案主的影响。

第一,非常注重案主所处的个人成长环境。心理社会治疗模式注重案主过去、现在和未来的生活环境,社区工作者运用心理社会治疗模式,从案主个人的生理、心理、社会(爱好、人际关系)这三个方面了解案主的人格特征、行为表现,结合案主的家庭、社会环境来探讨其需要的心理疏导、服务需求、已有资源、待开发资源和可利用资源,以直接治疗的方式对案主进行心理治疗,提高案主对疾病的认知,提升案主的自我价值感、认同感和自信心,使案主学会自我情绪管理。

第二,非常注重案主的家庭环境的改善。社区工作者注重家庭成员间的互帮互助,以间接治疗的方式通过挖掘家庭成员的潜在力量来影响案主,将家庭成员当成一种资源,开发家庭成员的智力,提升家庭成员的能力,然后引导家庭成员关心、关爱案主,加强家庭成员间的沟通与联系,增进家庭成员间的感情,提高案主的家庭地位。通过改善家庭成员间的相处模式和家庭关系,激发家庭内生

动力，强化家庭情感支持的功能、经济支持的功能、日常生活保障的功能，提升家庭抗逆力。优化家庭环境，为案主创造良好的家庭生活环境。

第三，非常注重社区环境对案主的影响作用。社区工作者通过改善社区环境，在社区开展团体辅导活动，倡导社区居民不要歧视案主，引导居民参与社区活动，加强社区居民间的沟通与联系，构建邻里和谐关系，形成邻里互帮互助的局面，改善社区安居环境。动员社会力量，号召爱心人士捐款捐物，为案主直接提供物质支持，整合社会资源，重构社会资本，重新分配社会慈善资源。号召政府部门制定法律法规，规范社会秩序，完善社会福利政策，让社会福利政策惠及案主，让案主享受国家政策带来的福祉，提升案主的获得感、安全感、幸福感和满意度。

（2）对社会优势资源的充分挖掘和利用

社区工作者在个案服务过程中，注重社会资源的开发和利用，为案主及其家庭建构社会支持网络，帮助案主寻求社会资源的支持。社会资源分为正式的和非正式的两类。

第一，非常注重正式的社会资源的挖掘和利用。社区工作者在个案工作中挖掘的正式的社会资源有来自社会慈善组织、基金会、企业等社会团体的捐赠，有政府部门制定的法律法规和政策的保障，还有政府部门开发并提供的公益性社会岗位，有社区工作者从企业中为案主及其家人链接的工作资源，有街道、社区逢年过节送上门的慰问物资（米、油、月饼、牛奶、蔬菜等），还有社区为独居的案主提供的社区照顾。举例来说，案主F1曾经是经营多年儿童服装生意的商人，有较为丰富的经商经验，社区工作者在上门探访过程中了解到F1的优势资源就是经商经验。F1是二级残疾，其女儿是精神三级残疾，社区工作者充分利用了F1的优势资源，动员F1的家庭成员齐心协力重操旧业，通过利用社区残疾人创业资金扶持政策，帮助F1成立了一家服装店，解决了F1的家庭经济来源问题。

第二，非常注重非正式的社会资源的挖掘和利用。非正式的社会资源主要来自家庭、朋友、邻居、同事、亲戚等，他们可以提供物质的和精神的帮助以及具体化的服务。社区工作者在个案工作中挖掘的非正式的社会资源有家庭成员给予案主的关爱与陪伴，这是家庭成员给予的情感支持，社区工作者还可以帮助案主改善家庭关系，组织案主参与社区活动，提高案主的社会参与度，拉近案主与邻里间的距离，帮助案主获取朋辈群体的支持，让案主感受到来自社会的温暖、家庭的关爱和同辈群体的心理慰藉。社区工作者每个月还会进行入户探访，对案主的情绪进行疏导，提升案主对自我和疾病的认知，改善案主的心理状态，向案主传递社会正能量，以此帮助案主建立自信心，提高案主的自我价值感。

4. 理论基础

作为个案工作方法中的一大主导理论，心理社会治疗模式在实践应用中日趋完善，得到广泛运用。心理社会治疗模式集众多理论的长处于一身，最早受到心理分析理论的影响，后来又吸收了互动、系统、角色、社会学和人类学等理论，是公认的内涵最丰富的社会工作治疗模式。本书主要介绍心理社会治疗模型的两种理论基础。

（1）心理分析理论

奥地利心理学家西格蒙德·弗洛伊德的心理分析理论对社会工作领域产生了重要影响，心理社会治疗模式的运用更与之密切相关，在理论基础和使用方法上都借鉴融合了心理分析理论。具体来看，主要体现在弗洛伊德的人格结构、心理防御机制和早期生活经验等思想上。

弗洛伊德认为，人格结构包括本我、自我和超我。本我与生俱来，是所有冲动所固有的，主要满足了性欲、饥饿之类的原始欲望。本我遵循"快乐原则"，相对而言，本我更多体现在人类的早期。自我处于本我和超我之间的过渡阶段，随着儿童成长，社会化逐渐完成，本我的主导地位逐渐由自我代替。自我遵循"现实原则"，它在本我的冲动和超我的理想原则下努力争取二者的折中。当孩子五六岁时，就形成了超我。超我包括良心和理想，遵循"善良至上"的原则。

本我、自我和超我三者有机统一是一种理想的状态，这种状态下的人格结构是和谐理想的。但事实上，个体的本我可能会受到压抑、超我难以实现、自我可能产生冲突，这使得人格结构发生冲突，造成人格偏差。

尽管随着时代的发展，一些理论学说对弗洛伊德思想提出了质疑，但其思想所产生的深远影响却是不可否认的，时至今日有些思想内核仍会被提及，这也从侧面解释了在社会工作领域弗洛伊德至今具有重要影响的原因。

（2）"人在情境中"理论

"人在情境中"理论认为，对个人行为的探索必须将其置于所处的环境中进行综合考量，包括其家庭、工作、学习和生活场所，它关注人与环境的互动。

作为心理社会治疗模式建立的理论基础，"人在情境中"理论关注人与环境的互动，因此，在个案工作过程中，心理社会治疗模式的首要任务是调整个人与环境之间的适应性，也就是说，将案主置于其所处的环境中，从多个角度考虑案主问题产生的原因及影响案主的因素，并且能够从案主的生理、心理、社会三个层面以及不同层面的系统中，结合案主所处的自然环境和社会环境进行分类考虑和综合考量。

一般来讲，"人在情境中"的三要素可以概述为人、环境和人与环境的交互作用，对案主的研究既要关注人，又要关注环境，还要关注人与环境的交互影响，除此之外，还需关注文化、制度等外延因素的影响作用。

社区工作者在实务过程中，需将案主的生理、心理、社会（人际）关系三因素有机结合，将案主放在所处的社区社会环境中进行研究。以案主的个别化原则为前提，深入案主的家庭生活环境中，了解每个案主所处的不同情境，注重案主的生理因素、心理因素、社会因素及其相互作用，同时还需注重社区社会环境的外延环境，如制度因素、文化因素，将案主放在所处的"情境"中更有利于问题的探讨。案主的生存环境、过往经历影响着其行为，从过往经历中了解案主的过去来认识现在的案主，以改善家庭和社区社会环境、帮助案主解决问题来助力案主的未来发展，进而在服务过程中发现案主是如何对家庭和社区社会环境产生作用的。

5. 理论假设

（1）对人性的假设

心理社会治疗模式的运用立足于如下基本假设，认为案主问题的产生并非由单一因素造成的，而是生理、心理、社会因素综合作用的结果，强调"人在情境中"。因此，社区工作者面对案主时应将案主置于一定的社区社会环境中，并将家人、朋友、同事、邻居等作为重要他人来综合分析其问题。

（2）对案主问题的假设

案主的一些问题，如人际关系失调、心理困扰等，往往与案主过去的压力、现在的压力及在应对问题过程中的压力有关。过去的压力是指案主早年的问题没有得到解决或者欲望被压抑，对案主现在的情绪状况和生活造成了影响。现在的压力主要包括目前面临的困境，包括社会竞争激烈、就业、住房等无法纾解的压力超出了案主所能够承受的范围，在某种程度上，它可以映射出案主早期未解决的问题和未释放的欲望，这容易导致案主思维和行为的偏离。在案主处理问题的过程中，问题本身与案主自我和本我的功能关系密切。当案主处于失衡的自我和超我的干扰下，矛盾的人格结构会使案主受到不良情绪的困扰。与此同时，案主对身边的环境缺乏正确的认识，会导致不良的资源利用现状及不和谐的人际关系，使得内在情绪、心理以及外在环境、人际关系等因素共同困扰案主。心理社会治疗模式关注过去的、现在的影响因素，也注重案主过去的和当下的人格状况。

（3）对人际沟通的假设

人际沟通是保证人与人之间有效沟通交流的基础，其中家庭成员之间的沟通对人的自我功能和超我功能有着重要影响。因此，心理社会治疗模式对案主的人际关系十分关注，认为案主的家庭和社会角色与案主的人际沟通状况关系密切。

案主的人际沟通状况一方面是其内在人格状况的反映，另一方面也极大地影响着案主自我和超我的形成。因此，案主的人际沟通状况对案主的人格结构、自我防御机制和成长意义重大。

（4）对求助者价值的假设

同社会工作专业价值观一样，心理社会治疗模式认为每个案主都是有价值的，但是其中有些案主的价值没有被完全地发掘出来。因此，对案主开展介入工作的目标之一就要努力激发案主的潜能。开展心理社会治疗服务可以帮助案主树立正确的认知，建立自信，恢复成功的体验，挖掘案主具备的优势，激发案主的潜能，实现助人自助。

6. 介入方式

心理社会治疗模式中的介入方式可以分为两种：直接介入和间接介入。直接介入是社区工作者直接针对案主提供介入服务，使其发生直观改变的方式。间接介入是社区工作者针对案主周围的环境提供介入服务，通过改善环境来促使案主发生转变的方式。

（1）直接介入

心理社会治疗模式的直接介入包括非反思性介入和反思性介入。非反思性介入是指直接针对案主开展服务，且在服务过程中不涉及案主对自己内心状况或者外部环境状况进行反思，包括探索—描述—宣泄、支持、直接影响三种服务方式。反思性介入是指在对案主开展直接服务的过程中要求案主对自己的内心状况和外部环境状况进行反思，包括现实反思、心理动力反思和人格成长反思三种方式。

（2）间接介入

心理社会治疗模式的间接介入是指通过环境变化驱动案主变化的方式。这是一种通过干预第三方或者改善案主的生存环境间接影响案主的特定技巧，属于

"曲线救国"的方法。在实际的介入过程中，社区工作者积极推动影响案主周围环境的改变，将案主置于环境互动中，通过介入案主家庭环境中的亲子关系、工作环境中的同事关系、领导关系及工作本身来促成案主改变，解决相应的社区治理问题。

7. 治疗框架

心理社会治疗模式在实际的应用中包括研究、诊断和治疗三个部分。研究阶段重在把握案主的问题及需求，此阶段要求将案主置于所处环境中去获取资料，把握案主的问题，通过"环境中的人"来收集案主的资料，进而对案主的情况产生全面的了解。诊断阶段的重点在于根据已获得的资料分析案主的问题产生的前因后果，做出判断，寻找造成案主困扰的根源，为下一步治疗打好基础。

一般情况下，在实际的社区治理工作中主要采用分类诊断方法。治疗是指社区工作者正式介入案主的问题的服务过程，澄清案主的问题，与案主共同解决问题，实现发展。这一过程包括直接治疗和间接治疗两种方式。

（四）认知行为治疗模式

认知行为治疗模式是一种心理辅导和心理治疗方法，它运用认知重建的方法纠正人们非理性的信念，帮助人们掌握改善不当行为的技能和解决问题的策略。

1. 基本原理

认知行为治疗模式关注的焦点在于人的认知和行为两个部分，在该理论模式下，人们产生的问题都与其认知、行为及情绪之间的相互影响密不可分，包括人的成长过程中的自我认知所形成的自动化思维，也包括生活中的外部环境因素对认知的影响。上述因素决定了人的具体行为的展现内容，而行为又会影响人接下来的认知与情绪，形成双向循环。

认知行为治疗模式建立在认知疗法与行为疗法有机结合的基础上，通过进一步完善、补充和发展而形成的心理治疗模式。认知疗法以人的情绪和行为影响人的认知为基础，不良的认知会引发不良的行为。因此，治疗师在治疗过程中需要帮助案主辨认、发现、识别自身认知中的非理性部分，并改变非理性思维，使案主恢复并建立理性认知。行为疗法，即行为矫正疗法，起源于19世纪50到60年代之间。社区工作者和心理治疗师利用制定好的治疗环节，通过改变案主的自动化反应来改变其特定的行为。

认知行为治疗模式的实施路径从两个角度出发来开展介入：首先是协助被治疗者辨认、发现、识别自我心理中所存在的偏差信念，树立正确的认知；接着要协助被治疗者纠正自身表现出的偏差行为，养成良好的生活习惯。因此，社区工作者在为案主开展介入的过程中，要将介入的关注点首先放在案主自身的非理性信念上，关注由此引发的一系列问题以及产生出的负面影响和不正当行为，在理论的指导下，社区工作者依据案主的各方面问题与需求预估并制订相应的服务计划，调整其偏差信念，再纠正偏差行为。

2. 应用思路

社区工作者在干预介入过程中可以采取一对一的个案工作方法，将项目中的所有参与人员作为个案的案主，主要通过个案面谈的形式，为案主提供以认知行为治疗模式为理论依据的干预介入。在理论应用思路上包括以下几个方面。

第一是案主认知层面的治疗。案主对自身存在的偏差信念往往是容易忽视的，社区工作者要运用相应的访谈技巧，引导对方识别、定位自身的偏差信念。可通过学习小课堂通俗易懂地向案主介绍施用的治疗理论，结合个案面谈中的苏格拉底式访谈（一问一答式）的方法，帮助对方认知自身想法中的不合理之处，然后帮助案主建立改变现状的动机与意愿，重建自身的认知构成。

第二是案主行为层面的纠正。人所实施的行为主要基于内心的主观能动性，在帮助案主重建合理的内心信念后，继而需要改变其外在行为。社区工作者可以采用布置作业、代币管制法、正负强化、放松训练等操作技巧来帮助案主矫正行为。最典型的做法是在服务中布置作业，让案主去完成，作业可分为课堂作业和家庭作业两种。课堂作业是指通过设计一些带有挑战或风险的任务要求给案主尝试。家庭作业是要求案主在日常生活中主动将引发问题的事件记录下来，进行自我反思、识别、定位，从而使案主在日常生活中逐步建立起理性行为，并有能力、有动力保持下去。

第三是案主情绪层面的改变。改变或替代后的认知会关系到案主对原有事物产生的情绪，社区工作者在帮助案主用理性认知替代原有的非理性认知因素之后，可以通过劝导、正确反应示范、脱敏疗法、放松训练等方式来帮助案主远离抑郁、焦虑等负面情绪，引导案主树立积极看待事物的态度。

五、个案工作的基本技巧

熟悉和理解各类个案工作技巧、灵活运用个案工作技巧是有效开展社区治理中的个案工作的必要条件，工作技巧运用是否得当决定了个案工作的整体效果。

（一）沟通技巧

开展个案工作，人与人之间的沟通是必不可少的。沟通指两个及两个以上的人之间进行信息、感情、态度相互传递的过程，有语言和非语言两种类型。个案工作的沟通技巧包括沟通前产生的动机、以真实情况表达内心感受、善于发现案主的感受、少一些猜测多一些鼓励、语言表达上的精练等。若在沟通过程中发生意外或案主感到不适，应及时停止双方的沟通，避免不可控事件发生。

（二）会谈技巧

个案工作会谈是一种常用技巧，个案工作者能够以自身积累的专业知识与经验创建独有的会谈风格，进而增加会谈时的灵活性。会谈的常用技巧分为以下六种。

第一，支持和鼓励。即在社区治理工作过程中给予案主足够的尊重，重视案主内心的想法，对其表示理解与支持，让案主充分感受到自己是被接纳、被支持的。

第二，情绪的疏导。即个案工作者引导案主充分倾诉内在情绪，在这样的过程中，个案工作者应具备适宜的"同理心"。

第三，探索。即个案工作者需对案主内心产生的矛盾做适当的探索，引导案主积极处理内心的矛盾，勇敢呈现内心世界。个案工作者要以坚决的态度进行陪伴，共同面对问题，这往往也是引发案主改变的动力。

第四，行为改变。即个案工作者可以利用社交技巧、松弛疗法等帮助案主消除或者减少不适应行为，形成适应性行为。

第五，直接干预。即个案工作者对案主进行劝服、提示、忠告以及在某种危险情况下采取直接行动等，以防更糟糕的事情发生。

第六，环境的改变。即个案工作者可以利用自身的社会资源协助案主改善当下环境，包括外在环境和内在环境，这也是个案工作独特的工作程序。

（三）访视技巧

个案工作的访视技巧指对与案主个人情况息息相关的人或环境，如学校、亲戚、朋友等进行访问。访问的目的一方面是从侧面收集关于案主的信息，有利于更客观地反映真实情况；另一方面使相关人员了解案主当前的情况，邀请他们配合改善与案主之间的关系，营造一个适宜案主改变的环境。访视前期应做好准备工作，如确认访视对象、熟悉访视环境，访视时的态度要诚恳认真。

（四）记录技巧

个案工作的记录技巧指的是社区工作者对日常服务以及会谈等各事项以文字、录音、录像等方式完整地记载下来，目的是更好地分析案主的问题，从而进行正确的评估。

个案工作的记录可分为三种：第一种是过程逐字记录，即对个案过程中的口语或非口语化等语言信息进行详细的记录，根据实际内容可逐句逐字进行记录，也可以利用简单的文字进行记录；第二种是摘要式的记录，这种记录方式更为简短且重点明确，内容以案主的重要问题为主，适用于长期持续的个案工作；第三种是问题取向记录，即以记录特定个案问题为原则，主要内容包括基本资料、问题描述、目标与计划等，比较适用于专业的机构，有利于团队共同服务，避免发生误会和不必要的争执。

第二节　小组工作方法

一、小组工作的含义

小组工作是一种专门的社会工作方法，它通过社区工作者的协助与小组成员的互动互助，使参加小组的个人获得行为的改变以及社会功能的恢复与发展，并达到小组目标，促进社区与社会的发展。小组工作方法中的小组类型有成长类小组、教育类小组、兴趣类小组和治疗类小组。

二、小组工作的功能

在社区治理中，小组工作的功能主要包括以下四个方面。

第一，小组工作可以帮助组员社会化与再社会化。作为社区中的个体，社区治理工作使群体成员发生改变，和过去告别，成为更积极的社区角色。

第二，小组工作还能进行社区控制。通过小组工作过程，成员可以学习遵从适应社区治理需要的行为规范，培养责任心。

第三，小组工作可以促进组员能力建设，影响个人发生改变。小组工作可以使个人的价值观念、态度及行为发生相应的改变，促进个人成长、社会适应及自我实现。

第四，小组工作还有促进社区社会行动的功能。

三、小组工作的程序

一般来讲，在社区治理中，小组工作分为五个阶段：前期准备、小组形成、沟通协调、达成目标和结束工作。

首先，在前期准备阶段，社区工作者应根据小组需要确定小组成员。

其次，在小组形成阶段，社区工作者应充分发挥组织者的角色，引导并鼓励小组成员积极互动，使其对小组产生依赖。

再次，在沟通协调阶段，由于该阶段属于整合期，小组成员间会出现意见分歧，为避免产生小组矛盾影响小组最终目标的实现，社区工作者应该参与小组决策。

然后，在达成目标阶段，社区工作者应逐渐从小组中抽离出来，培养小组成员的自主决策能力，促进小组目标的实现。

最后，在结束工作阶段，社区工作者应做好结案前的准备和结案后的追踪工作。

四、小组工作的基本技巧

小组工作方法有许多方面的技巧，作为一名合格的社区工作者，在开展小组工作的前中后期应当具备对应的基本技巧。

小组工作开展全程都运用到了组织、沟通及参与的技巧，社区工作者负责成立一个小组、控制小组的运作与发展、参与小组工作目标的制定、参与小组活动中项目的设计、担任成员同其他个体间互动沟通的纽带、时刻保持客观中立的立场、具备打岔和问话等沟通技巧；在准备阶段，社区工作者负责同组员间建立良好的合作信任关系；从准备阶段至沟通协调阶段，社区工作者应扮演领导者和决策者的角色，时刻控制小组的发展方向，适时适度地运用干预技巧，在遇到突发事件时采取干预措施；最后是记录和评价的技巧，社区工作者负责记录小组活动开展的全过程，并在小组工作结束后对小组工作做出系统的评估评价，判断小组工作是否有效，总结本次活动的收获与不足。

五、小组工作的主要模式

小组工作在其发展中形成了不同的模式，早期有代表性的是社会目标模式、治疗模式和交互模式。20世纪70年代后，受多种社会科学理论的影响，形成了多种小组工作的模式。以下仅介绍两种小组工作模式。

（一）社会目标模式

1. 基本内涵

社会目标模式是社区治理工作的主要模式之一，其主要特点有三个：一是认为个人的潜能源于团体，个人借助团体的力量能够达成社区行动目标；二是在团体发展的过程中，强调民主参与、成员共识和团体任务的达成，重视团体的统一；三是注重利用团体来培养成员的团体意识、社会责任感和社会良知，提升他们的社区治理能力，最终以团体促成社区行动，从而影响社区发展。

2. 理论背景

社会目标模式源于小组工作的早期实践，即社区睦邻中心和青年服务中心的团体工作模式，最早由美国学者格雷斯·柯义尔等人提出。社会目标模式既强调团体成员的民主化参与和决策，关注社会工作实施过程中内部团体的组织和建设过程，又紧扣社会现实，重视实现社区、社会组织外在变迁的目标，其发展可以分为萌芽、形成、探索和发展四个主要时期。

18世纪，英国成立了基督教青年会，随后美国等国家相继成立了促进青少年健康成长的协会、团体和俱乐部，第一个睦邻公社——汤因比馆也在这一时期成立。社会目标模式最初便被用于此类团体活动以及解决社会问题，但是此阶段的运用缺乏社会工作的专业认同。

20世纪初期到中期为形成时期，在此期间，邻里、社会利益团体等非正式团体能够用于解决社会问题。这一时期团体社会工作受到社会的广泛认可，因此，社会目标模式作为团体社会工作的主要形式也逐渐被接纳。此阶段社会目标模式主要以社会弱势群体为案主，社区工作者扮演着教育者和问题解决者的角色，协助案主被主流环境接纳。

到了20世纪中后期，弗洛伊德学派的精神分析理论对社会目标模式产生了强烈的冲击，社会工作领域开始关注个人治疗而忽视了社会目标模式。

在20世纪80年代，学者佳文重新提出团体工作联系和结合社会变迁发展团体工作新的潜能，社会目标模式再次出现在社会工作领域，相关学者对社会目标模式进行了新的补充和完善，认为小组需要小组领导和成员在共同目标的指导下互相合作，领导者和团体成员能够通过团体的形式，形成组织结构，获取满足个体和团体需求的机会。

3. 主要观点

在个体层面，社会目标模式认为每一个社会成员都具有参与的民主权利，每一个社会成员都应该有机会、有能力进行民主参与，提升他们的民主参与意识是达致社会发展和变迁的应有之义。因此，社会目标模式认为通过赋权、提升团体成员的社会意识和责任，推动社会参与和行动，能够达致个体和社会的改变。尤其鼓励弱势、边缘群体的参与，通过团体互动和行动增强个人能力和团体凝聚力，推动开展社会行动，形成社会变迁。

在社会层面，社会目标模式将工作的重点放在提升成员的社会参与意识和实现社会整合，将个人问题与社会环境联系起来，认为个体问题受到社会制度、社会结构的影响，能够改善个人问题，改变社会环境。同时个体具有实现社会变迁的潜力和能力，而小组作为一个统一的整体具有影响社会变迁的能力，通过开展小组工作来帮助团体成员形成社会组织，开展社区教育，培育社区成员的参与意识，能够帮助个体提升社区生活的适应程度，提高个人和组织的参与能力，实现个人和社区赋权的目标。

4. 具体应用

社会目标模式遵循专业原则、运用系列专业方法提升案主的社会责任感、唤醒案主的社会意识和社会良知，广泛运用于社区发展、社区自治与管理、志愿者团体培育、社会组织建设等各个层面。一方面，运用于小组工作当中，注重组员的投入参与、形成共识以及完成任务，引导组员进行自我了解，通过提供专业训练提升案主的能力。另一方面，运用于社区工作中，以社区整体的建设发展为目标，关注社区居民的参与积极性，通过培育社区意识来解决社区内部问题、改善社区关系、促进社区有序发展。

社会目标模式以培养组员的社区归属感、增强社会整合力度为总目标，同时注重实现三个层次的过程目标：一是唤醒成员的社会意识和社会责任心，挖掘成员的潜力；二是提高成员的社会能力和应对社会变化的个人能力；三是培养团体领袖，带领社区成员推动和实现社区甚至社会的变迁。社会目标模式下的小组具有共同的目标，即实现社区变迁，组员具有共同的利益和价值观念，通过小组成员的共同行动，能够实现自我提升和自我发展。因此，将社会目标模式应用于社区参与中，引导案主激发社区参与的动力、提高社区参与的意识和能力、实现社区参与目标，在服务的指导下按照不同阶段实施相应的服务。

社会目标模式将团体发展分为六个阶段。第一阶段是结盟前期，社区工作者主要负责确定工作目标、会期和方法等工作，招募与选择成员以及组织会谈。第二阶段是权利和控制期，正式召开小组工作，打破成员间的僵局，营造熟络的气氛。第三阶段是亲密关系的建立期，成员关系更加亲密，可能会质疑社区工作者的领导者角色，社区工作者需要思考成员的能力和需求、成员和社区工作者的角色分配以及团体的沟通方式。第四阶段是冲突阶段，社区工作者开始将更多的团体事务交由成员负责，成员可能开始因此而感到焦虑，开始产生怀疑。此外，团体中可能会出现小团体，社区工作者的任务是提供平等的表达机会和时间，规范成员行为。第五阶段是分化期，社区工作者应鼓励成员制定新的目标，使他们从团体中脱离出来。第六阶段是脱离期，社区工作者要帮助团体与社区机构建立联系，或者在团体目标实现后鼓励成员追求新的目标。

对应不同的团体实务阶段，社会目标模式具有不同的经验指导。在团体初期，社区工作者可以采取模塑与示范、催化连接以及观察等方法促进团体关系的建立；在团体形成期，可采取鼓励、支持、协助综合等技巧引导团体成员形成良性互动；在团体冲突期，可采用维稳、谈判等技巧有效化解冲突，善于利用冲突提升个人能力；在团体维持阶段，采用导引、支持和鼓励表达差异性的技巧；在团体结案阶段，可运用引导表达感受、催化结束的技巧。

开展团体工作时，社区工作者要扮演引导者、资源连接者、使能者、榜样等角色，在团体活动中注重民主的原则，培养成员的参与意识和责任，提高他们的参与能力，以及通过团体行动真正实现参与行为。

（二）组织与环境模式

组织与环境模式的理论基础主要有社区结构功能理论、组织理论、社会交换理论、社会行为学习理论、自我理论和社会化理论。该模式认为，小组目标的实现是机构、小组工作者、小组成员和其外在的环境互动的结果。社会环境是个人行为模式的来源，也是影响其维持和改变行为模式的工具。

所有小组的目标都是协助小组发挥社会功能，也就是小组协助其成员改变自己、环境或两者兼而有之，以使个人对社会角色的适应、个人需求、能力和社会环境之间形成最佳互动关系。

第三节 社区工作方法

一、社区工作方法的含义

社区工作方法是为社区工作的开展、任务的完成或目标的实现而采取的某种或某些方式和手段，是为社区工作任务和目标服务的。社区工作方法是社区工作开展中的一门技术，它蕴含在整个社区工作过程中，社区工作者必须了解与不同组织建立和发展关系的准则和方法，这有利于建立持久的关系。一般来讲，社区工作方法主要是指用于如何组织、如何动员社区居民等一系列的方法，如社区组织、社区动员等。

二、社区工作方法的具体运用

（一）与居民接触

社区工作者通过接触社区居民，一方面可以了解社区的基本情况，另一方面也可以让社区居民了解社区工作者的工作，提高他们对社区工作者的接纳及认可度，为以后建立信任合作关系打下基础。接触居民可以是正式的，也可以是非正式的；可以是一对一的，也可以是集体的；可以通过讲话、访问、电话、电子媒体等方式进行。

1. 接触前的准备工作

第一，选择接触对象。根据访问的目标选择合适的访问对象，如自己以前曾接触过的居民、受事件影响的有关人员或属于特定利益群体的成员，注意安排接触的先后顺序。

第二，选择访问时间。接触居民的目标和出发点不同、对象不同，访问的时间也应该不同。尽量避免在休息时间、就餐时间打扰访谈对象，另外，也应该避开节假日等特殊日期。

2. 与居民接触的技巧

第一，展开话题的方法。在获得对方接纳或不拒绝的情况下，社区工作者要抓住时机,继续交谈使内容逐步转向正题。注意避开一些敏感的话题,从普通、容易回答的问题开始提问,话题要从简单到复杂、由具体到一般再到抽象。

第二,维持对话的方法。社区工作者需要根据接触或访问的目的维持对话,可以使用聆听、表达同情心、体谅、分享感受、澄清、寻找和提供资料等技巧,表现出对居民的关怀。

(二)社区领袖培训

社区领袖是指那些自发出现或被社区其他人推荐,具有一定影响力、领导力、号召力和外联力,愿意发声,服务他人,承担责任,或具备一定的特长和知识并愿意将这些传授给他人的社区居民。

一个好的社区领袖通常拥有以下特点:热爱人群,易交朋友,善于聆听,易与别人建立良好的人际关系,勤奋工作,乐于助人,表达能力佳,等等。社区工作者在鼓励居民参与的同时,应积极和小心留意观察哪些居民拥有以上特质,并加以发掘和适当培养。社区工作者可以通过训练、实习、示范和角色扮演等方式来加强社区领袖的训练。

1. 培训内容

对社区领袖进行培训的重点如下。

第一,在价值态度方面要培养其以公众利益、社会公义为己任的价值理想。

第二,在知识思考方面要学习分析相关政策,认识权利资源的分布,了解政府组织结构和工作机制。

第三,在行为技能方面要培养其领导能力,特别是组织集体行动的能力,学习基层动员的方法与技巧。

2. 培训技巧

进行上述技巧培训时,社区工作者应掌握以下培训技巧。

(1)加强一线社区工作者的专业能力建设

在社区居民领袖培养的过程中,社区工作者要参与全过程,他们是陪伴社区领袖成长的协助者,社区工作者的专业能力的大小在一定程度上会影响培养的过程。因此,加强一线社区工作者的专业能力建设刻不容缓。实务需要理论的指导,所以一线社区工作者的专业能力的提升离不开对理论的掌握。理论知识是社区工作者开展实务的基础和前提条件。作为一门以理论为指导、实务性强的专业,要求社区工作者在理论的指导下充实实践,探索出更丰富的实践方式。而理论的学习是无止境的,学习的方法呈现多样化,社区工作者可以通过多种方式来提高自己的专业技能。

第一,从自身实际出发,在闲暇之余,可以通过上网课、看书、交流想法和心得等方式来提高自身的专业能力。

第二,从社区工作者机构出发,机构可定期提供培训,尤其是能力方面的培训,为社区工作者学习创造一个良好的环境。

除此之外,在经济能力许可的情况下,社区工作者机构可外聘督导,发挥督导的教育、支持和行政功能。虽然社区工作是一个实践性很强的职业,但是理论方面的学习也不可忽视,用社区工作的专业知识和技能指导实践,在实践中检验理论。从实践到认识,从认识到实践,再从实践到认识,一线社区工作者的服务能力和专业性会得到不断的提高。

(2)建立长期培育机制

通过积极开展相关的社区活动可以提升社区居民领袖的能力,如在服务过程中需要的人际沟通能力、连接社区资源能力、心理建设能力等。但由于社区工作者介入的时间有限,这只是短期的效果。在社区治理与服务中,要求社区居民领袖的能力远不止这三种能力,还有组织能力、引导能力、危机处理能力等。在社区服务中,社区工作者给社区居民领袖提供了一些技巧和方法,让他们在社区服务的过程中,能够更好地应对问题。服务的结束并不代表社区居民领袖的能力提升就此停止,而是需要长期的培育机制,去提升他们的领袖能力。社区居民领袖的培育没有重点,需要形成长期的培育机制,包括物质激励、精神激励、课程培训、管理制度等。

第一,在物质激励方面,社区领袖都是无偿提供社区服务,在访谈中可以发现支持他们一直参与社区活动的动力是社区工作者站和社区居委会的肯定,相关机构也会记录他们的服务活动时数,社区领袖看着自身的服务活动时数逐渐在增加,内心会衍生一种自豪感。但有些社区活动没有餐费补贴,这些社区的领袖在参与社区活动时,还要考虑自身的物质保障。美国著名社会心理学家亚伯拉罕·马斯洛认为,生理的需要是人最初始的、最基本的、最低层次的需要,是迫使人们做出行动的最大动力,当一个人的生理需求得不到解决时,其他的需要都会被推到较为置后的位置。有些社区领袖在退休后断了收入来源,依靠的是家里的经济支持,如果家里人不支持,或许会降低社区领袖参与社区活动的意愿。关于如何对社区领袖进行物质激励,具体来讲,可根据活动服务时数进行适当的物质激励。

第二，在精神激励方面，社区居民领袖进行服务的巨大动力之一就是居民、媒体、社会、政府对他们工作的肯定。正是这种肯定，促使他们做好自己的社区服务工作。

第三，在课程培训方面，社区居民领袖的能力提升离不开培训。社区居民领袖需要掌握的能力有很多，仅靠社区工作者的小组活动的开展来提升能力是远远不够的。要多开展相关课程培训，课程培训的主办方可以是社区居委会，也可以是辖区内的街道办，还可以是市政府相关单位。课程培训的内容主要围绕社区居民领袖的能力需要，但同时也要考虑到社区居民领袖的学习能力，要有一个循序渐进的过程。

第四，在管理制度方面，笔者在访谈中发现，部分社区居民领袖的领袖意识较低，自我认知水平也较低，社区居民领袖的管理还处于比较松散的状态，因此，需要建立相应的管理制度，进行规范性管理，一方面调动社区居民领袖参与社区活动的积极性，另一方面吸引更多的新生力量为社区的发展贡献力量。

（3）完善支持网络

社区工作者在介入社区居民领袖培养的时候，比较注重关系的建立，目前已经建立的关系有社区居民领袖与社区居民、社区居民领袖与社区工作者站、社区居民领袖与社区居委会工作人员的关系。在一定程度上，社区工作者忽略了社区居民领袖与社区的居家养老服务中心的关系、与街道办的关系、与其他社区居民领袖的关系等。

社会支持理论认为，一个人的社会支持网络越强，他就越能应对环境的挑战。社区工作者可以作为外在力量介入社区居民领袖的培养，但最好的方式往往不是外在力量，而是社区的内生力量。社区工作者可作为社区居民领袖与社区内各组织建立合作共建关系，使社区居民领袖能够降低甚至消除对社区工作者的依赖。社区居民领袖的培养需要多方主体的参与，扩大他们的支持网络，这样既能从不同的角度增强他们的社区领袖能力，也获得了多方支持，对于社区居民领袖具有重大的意义。

此外，社区居民领袖的支持网络的建立也有利于建设社区共建网络。社区居民领袖在服务的过程中，通过对社区其他居民的调查可以了解社区其他居民的基本信息，以楼栋为单位建立楼栋居民日常生活服务群，当某个居民有困难需要帮助的时候，其他居民可伸出援助之手，当这个居民的合理需求得不到满足的时候，社区居民领袖可连接社区资源帮助这个居民解决问题。

除此之外，社区居民领袖的工作群也不可忽略，这对于缓解他们的压力，提高他们解决问题的能力，发挥集体智慧具有重要意义。当他们的问题也得不到解决的时候，建立社区居民领袖与社区居委会的工作群也存在一定的意义，方便社区居民委员更好地了解社区的情况，更好、快速地满足居民所需。通过这样一系列支持网络的建立，社区居民与社区居民领袖、社区居民领袖与社区居民领袖、社区居民领袖与社区居委会的三层支持网络就搭建了起来，当其中一个环节出现问题时，可以调动社区的其他资源去帮助他们。这是社区内的支持网络，除此之外，还可以考虑一下社区与社区间的居民领袖的支持网络的建立，即跨社区支持网络。而社区工作者可充当一个媒介，通过相关的社区活动把跨社区的居民领袖组织起来，推进彼此间的借鉴学习，同样也有利于建立社区间的支持网络，支持网络逐渐向外延伸，使得社区居民领袖能够同时获得来自社区内外的支持。

第八章 社会工作参与社区治理的路径

社区治理是我国社会治理体系的关键环节,社会工作是社区治理的重要协同力量。社会工作在参与社区治理过程中存在着自身能力欠缺、实践权限受制约、自主性不足、形式化等问题。提升社会工作参与社区治理的深度和有效性,不仅需要加强社会工作能力建设,更需要理清相关职责,促进政府职能转变,加大对社会工作的支持力度。本章分为社会工作参与社区治理的困境、社会工作参与社区治理的策略、社区治理的创新发展——智慧社区三部分。主要包括提高社会工作认可度、加大社会工作宣传力度、智慧社区的概念及特征、智慧社区建设的理论基础、智慧社区建设的现状等内容。

第一节 社会工作参与社区治理的困境

一、社会工作认可度较低

一方面,社会工作者的自我认知度不高。一些社会工作者对自己的工作认可度不高,有些人只是将其作为临时工作。由于工作强度不大,在工作的过程中有时间进行备考,他们往往会选择跳槽或者参加公务员、事业单位考试。社会工作具有流动性大的特点,也与其目前福利待遇不高有很大关系。在政府方面或者社会政策方面,虽然社区治理近年来不断被大众所关注,然而人们对社区治理的思想没有扭转,依然停留在政府层面,对于社会组织或者社会工作的认可度不高,更多的是将其视为行政权力。

另一方面,社会工作者的社会认可度不高。社会工作者在社区执行"志愿者服务队"服务工作时,经常被社区居民当作志愿者。究其缘由在于一部分社会工作者的业务能力不强,且工作具有较强的替代性。从目前来看,社会工作的发展还需要政府的不断宣传推动，以便于社会工作得到社会的全面认可。同时，还有一些地方将社会工作的开展作为社会建设的一项任务指标，只注重形式，而不注重质量。在社区服务执行过程中，社会工作者往往会有相对具体的活动策划书，但往往缺乏具体实际的调研，忽视了社区居民的真正需求，从而在活动执行的过程中，无法按计划执行，活动的开展也存在走过场的现象，从而让社区居民产生一种社会工作就是这样的错觉，导致社区居民更难以真正认可社会工作。

从引入到现在，我国社会工作的开展也不过30多年，社会工作的本土化发展才刚开始，还十分不成熟，职业化的道路还十分漫长。同时经常会有不同的社会工作组织以各种目的在社区进行宣传，这就让社区居民会有一种都是同样套路的感觉。目前不可否认的是社会工作无论作为一种职业或是一门专业，其影响力不够强、认可度也不够高。大学城中社区人员的素质和知识水平相对较高，相比较其他社区更有利于进行志愿服务，但是在具体的实务开展过程中同样也要依附于社区居委会进行，才能有很好的效果。由此可见，社会工作的独立性不强，受到较大的制约，以至于难以发挥其应有的社会功能。

二、社会工作介入效率较低

社会工作作为一种职业与其他职业有很大差异，社会工作是带有很强的公益性质的活动，即使如此，在执行具体的服务时，也要兼顾效益。调查显示，社会工作在介入社区治理时的投入和产出不成正比，投入高、效益低成为制约社会工作发挥作用的重要因素。

首先，社区把社会工作机构引进社区，这些社会工作机构会占用大量社区资源，包括资金以及办公场地等，而这对于原本社区公共服务经费和办公场地紧缺的社区而言，反而增加了成本和管理的压力。此外，在引入专业的社会工作机构以后，其在进行社区治理时没有起到社区管理者预想的有效的作用，与其较高投入相比，其效益显得相对较低，这就在一定程度上动摇了社区工作人员在社区治理中引入社会工作的积极性。

通过分析社区治理项目发现，因为项目是由上级政府部门购买，并委托第三方机构实施的，所以社区十分支持。但是，通过阶段性的评估发现，社区治理项目投入了很多人力和物力，却没有获得想要的结果，存在着明显的高投入、低效益问题。之所以出现这种局面一是服务人数少。虽然投入了大量资金，但是受益的居民却很少。二是服务所取得的效果较差。项目执行过程中由于会和有些服务对象产生意见分歧，而并不能使其产生较大的改变。三是社会工作服务项目效益不具有长效性。社区治理项目结项之后和结项之前相比，进行志愿服务的质量存在差别，服务所产生的效益不如从前。四是项目经费使用缺少规范性和合理性。大部分经费并未用到服务中，而且社会工作者劳务费占比较高，还存在其他一些使用不规范、不合理的费用等。这就影响社会工作介入的效率和效益，进而也影响居民对社工的信任度，从而制约着社会工作的发展。

三、社会工作专业人才队伍不足

专业社会工作者的短缺，是社会工作参与社区治理的目标没有达到预期的主要原因之一。目前，由于受到社会工作者的社会地位、工资待遇和福利水平等因素影响，大批高校社会工作专业的毕业生很少有人进入这一行业，这严重制约了我国社会工作的开展。

很多社会工作者和社区工作者尽管考取了社会工作师证书，但大多是因为领导要求或者是为了获得工资补贴，他们学习社会工作专业知识大多是为了考试，并没有真正地进行理解和掌握，因此并不能在实务工作中得到很好的运用。虽然社区和众多高校合作，设立了高校社会工作专业实习平台，但他们的实习时间通常只有两三个月，同时由于社会工作实务一般具有周期性，有些工作很难在两三个月内完成，因此机构也不会让高校社会工作专业的实习生从事关键的工作，只是作为辅助人员，做一些简单的事情，以避免在日后工作开展过程中出现断层，因此，这段时间不能有效提升社会工作者的专业性。

社会工作在我国的发展时间较短，目前才刚刚开始，社区对社会工作的引进和发展大多处于自主探索阶段。同时由于中西方存在很多差异，很多社会工作方面的知识并不能直接运用，存在理论与实务脱节的现象。由于社区工作的复杂性，往往在最初进行社会工作服务时，为了取得较好的效果，社会工作者经常会请求社区工作人员给予帮助，这就很容易让社区居民误认为社会工作者等同于社区工作人员。

四、社区治理中各主体缺乏有效合作

社区治理是一个十分复杂的工程，其中，政府、社区、社区社会组织以及社会工作者都在其中发挥着不可替代的作用。除此之外，各主体在进行社区治理的过程中还需要彼此配合，实现社区治理的高效发展。但是，通过"志愿者服务队"社区治理项目介入社区治理的情况来看，社区不同的主体之间还不能够有效合作。

一方面，专业的社会工作机构和社区之间缺乏有效合作。一个社区的问题由于其所在区域、人口结构、文化水平等因素的不同往往存在很大的差别，其存在的问题也存在一些特性，从而使得社会工作机构在介入社区治理时面临诸多难题。此外，因为社会工作机构本身能力有限，再加上宣传不到位，有时工作流于形式等原因，使得社区居民不能真正了解社会工作机构，从而很难建立有效的合作。

另一方面，社会工作机构和社区内的社会组织之间缺乏有效合作。社会工作者参与社区治理的过程中存在着社区资源使用率不高的状况，由于其与社区内的社会组织之间没有建立长效的合作机制，往往凭一己之力解决问题，忽视了外部资源的重要性，使得其在提供服务时困难重重，这从一定程度上讲也是社会资源的一种闲置。

同时，社区的治理需要社区多元主体共同参与，但现实状况却是政府依然在社区治理中起决定作用，各治理主体之间的权责并未明确，从而不能有效发挥各自的作用，不利于社区治理的多元发展。

第二节 社会工作参与社区治理的策略

为了更全面、更专业地满足社区居民的需要，政府由原先单一的行政供给模式开始转向政府购买第三方服务的模式，促进了社区、社会工作者、社区社会组织、社区志愿者、社区公益慈善资源"五社联动"，实现了社区治理的专业化和精细化。在国家政策号召下，社会工作要把握发展的机会和平台，充分发挥在"五社联动"中的桥梁作用，积极地参与到社区治理中来。在国家政策提供的良好宏观环境之中，社会工作者应秉持专业的价值理念、采用社区社会工作的方法，解决政策和服务在社区内落实不到位的问题，并及时协调各方关系，缓解社区内市场力量过于强势的状况。

社会工作的理念和方法对于社区治理具有十分重要的意义，但是社会工作由于自身的特殊性，缺乏相应的落实力度，很多时候仅仅是进入社区这个场所都会受到阻碍，因此社会工作参与社区治理需要强有力的政策支撑，可以通过政府授权或者购买的方式，保证社会工作参与社区治理的主体地位，同时也能为社会工作提供相应的执行权力。社会工作在参与社区治理的过程中要强化政府力量的有效利用。通过获得政府相关部门的支持和协助，更好地参与到社区治理中，缓解社会工作介入过程中由于市场力量强势导致的无力状态。

一、加大社会工作宣传力度

为了增强社会工作的影响力和知名度，从而使社会工作在参与社区治理等方面产生更好的积极作用，首先我们应在社会工作的宣传力度和宣传形式方面进行加强和创新。具体来说，要做好以下几个方面的工作。

（一）转变传统宣传观念

在提供社会工作服务的过程中可以看出，以往的观念中对于社会工作的宣传是严重不足的。宣传工作往往被放在其他工作之后，或者是在工作中进行宣传，而很少有专门进行社会工作宣传的机会。从现实来看，无论是作为宣传主体的政府或者是社会工作机构，在社会工作的宣传推广方面还十分欠缺。只有转变这种事中宣传的习惯，让宣传走在前面，并且把其当作服务开展的重要前期准备，才能真正实现社会工作的宣传目的，让宣传变得更有价值和意义。

（二）丰富创新宣传方式

随着新媒体技术的蓬勃发展，社会工作在宣传方式上也应该顺势而为，顺应时代发展潮流。在创新上要从内容和形式两个方面入手。

首先，在宣传内容上，要符合现代人的生活习惯，容易被大众理解和接受。比如可以通过"三微一端"进行宣传，还可以举办专门的知识讲座，以有奖问答的形式宣传社会工作方面的知识。在形式上，能够以线上线下相结合的形式进行。线下宣传依据不同情况，与社区居民和社会大众面对面地交流，在人流量大、关注度高的地方重点宣传，如社区公告栏、公交站牌、地铁站等。

其次，社会工作者还可以通过其他途径了解社区的资源状况、居民状况以及社区内的社会组织状况等，从而掌握社区的整体状况，为项目的顺利开展做好前期准备。社会工作者还可以利用海报、横幅等传统方式，依据调研所掌握的社区状况，积极开展宣传工作，如开展健康讲座、普法讲座、疾病防治知识讲堂等活动，吸引群众积极参与。同时社会工作者也可以通过贴海报、发传单的形式，在社区内进行宣传，利用社区广播、微信公众号、官网、交流平台、社区简报等多种渠道，大力宣传社会工作，使居民真正了解社会工作，进而认可社会工作。

（三）加大宣传的资金和人员投入

一是资金上可以采取申请专项资金、寻求社会捐款等方式，这样才能为宣传的开展提供必要的资金支持，进而能够购买或者改善宣传设备，使宣传形式更加多样化、宣传范围更加广泛。二是加大人力投入力度。在人员充足的情况下便可以安排专人进行社会工作的宣传工作，还可以聘请具有丰富宣传经验的专业人员负责宣传。

二、采用整合的社会工作方法

案主的问题是复杂而又多变的，尤其是以社区为案主时，社会工作者需要处理的关系和情况更错综复杂。因此，为更好地促进社会工作参与社区治理，推动社区业主委员会的筹建，社会工作者可以采用整合的社区工作方法，主要面向社区全体业主开展活动。业主委员会的筹建关乎全体业主的利益，在发挥业主的潜能和优势时，更要注意提高社区业主的参与度。只有业主广泛的参与，对社区问题和事务以主人翁的姿态加以承担，积极谋求对策、共同行动，社区问题才能得以解决，业主委员会才能顺利筹建，社区的治理结构才能发生改变。

除了采用社区工作方法外，针对个别业主的具体问题也可以采用个案工作的方法或小组工作的方法。社会工作者利用个案工作的方法，深入了解个别业主的问题和需求，通过与他们建立起专业的信任关系，在赋权理论的指导下帮助处于不良情绪中的业主进行改变，获得成长。社会工作者可以采用小组工作的方法，发掘社区中具有相同问题和共同需求的业主，为他们开设相应的支持性情感小组、成长性学习小组等，通过在小组中的学习和组员之间的互动，提高自我效能感，掌握人际沟通的方法，获得成长，从而学会理性地看待物业、居委会等主体在业主委员会筹建中的行为，提升业主社区治理参与的有效性。

三、理清多元治理主体的职责

要想实现对社区的有效治理，就必须有一定的物质基础、人员储备等，这些都可以看作社区工作参与社区治理时所要具备的资源。这些资源既包括设施设备以及文化娱乐场所，也包括资金、技术以及社会支持网络。但是，由于资源具有分散性，人员也具有流动性的特点，就需要社会工作者和社区工作人员一起挖掘可以被利用的社区资源，并进行整合，搭建起社区治理平台。社区工作也要求对社区资源进行发掘和整合，这就要求社会工作者在对社区进行多元治理过程中要考虑怎么实现资源整合和联动。在现实生活中，常常会遇到有能力有意愿提供资源的个人、组织或者单位找不到供给渠道的状况，这是因为各个治理主体之间缺乏衔接，从而也造成资源的闲置和浪费。社区作为在社区治理中多元主体能够顺利参与的平台，起到了非常关键的纽带作用。社会工作机构可以依照社区的现实情况，并利用社会工作者前期开展的相关调查，提供具有个性化、区域性和有针对性的社区服务。与此同时，只是让社会工作者去链接和整合社区资源，在实施过程中可能会面临许多问题，而社区则能够利用其权威和在居民心中的地位，积极寻找各主体之间的契合点，搭建多元共治的治理平台，从而开辟渠道，链接更多的资源。多渠道的资源以社区为平台和纽带，进入社区中来，也降低了行政成本，提高了服务效率。

社区利用自己的权威和优势，在各主体之间搭建桥梁，组建平台，然后把一些公共服务性的事情，依托平台其他主体进行解决，而社区主要负责监督和考核。在考核时要以现实情况和结果以及社区居民的满意度为依据，这样社区和各治理主体之间的联动性增强了，彼此的信任度也增加了，有助于服务效率的提升和服务质量的提高。

社区治理不仅仅是社区工作人员的职责，还要靠多元主体共同参与来实现，在公平、公正、公开、共同协商的前提下，还需要明确各治理主体的职责，共同管理社区事务，参与社区治理。治理的核心在于多元主体参与，治理的关键在于政府权力的下放。理清多元主体的职责，让各治理主体有平等的话语权，各抒己见、各显其能，共同致力于社区治理。要明确划分政府、社会组织、居民、职权单位等应尽的义务和需要承担的责任。对政府而言，行政性事务要负责到底，对于一些可以下放的服务性职能则可以交给社区内各主体来完成，进而促进社区居民更好地自治。同时，各治理主体在参与社区治理的过程中要充分了解各自的优势与地位，明确自己的职责范围，发挥各自优势，最终实现多元主体共同治理，实现社区和谐发展。

四、发挥社会工作理论的指导作用

（一）发掘业主潜能

社区是社会的缩影，社区中业主的职业、身份、阅历和人际关系等不尽相同，他们自身拥有一定的社会资源，具有独特的优势，当业主聚集在一起时，他们所携带的资源会发生重组和扩大，他们的优势也将最大化。但是，在长久形成的社区结构下，业主忽略了自身的优势，单个业主无法与组织化的物业公司进行抗争，便产生消极的心理。同时，业主在筹建业主委员会的过程中对于业主委员会成立的规章制度等了解较少，导致部分业主陷入一种有闲暇时间却无力可施的境地。因此，社会工作者在参与社区治理时，首先要了解业主的优势资源，结合优势视角的理论，通过开展社区活动发掘业主的潜能。通过对业主的个人赋权，增加知识、政策的普及力度，提高业主的个人能力。

（二）倡导沟通理性

德国著名哲学家尤尔根·哈贝马斯认为，我们可以通过双方经过反复协商的民主沟通程序，追求达成共识的理性，即沟通理性。这一观点也符合社会工作介入业主委员会的筹建过程。社会工作者应帮助业主与物业、居委会等达成一致目标。在业主委员会筹建过程中，因各主体的立场和需求不同，导致在面对问题时各主体容易陷入自身需求得不到满足的恼怒之中，跌落至情绪宣泄和情绪对抗中，而忽视了问题的解决。

因此，社会工作者在赋权理论的指导下，为业主、物业公司和居委会创设一个活动情境，业主、物业公司和居委会通过活动相互学习，提高三方解决问题的能力。尤其要鼓励业主自己界定现阶段业主委员会筹建过程中遇到的问题与将要达成的目标，对业主目前遭遇的困难和受到的压制提供支持，帮助他们明确自身问题，共同探寻解决问题的方法。

五、促进社区治理共同体环境建设

（一）激发社区内部治理活力

理顺社区治理主体关系与激发社区内部治理活力是相辅相成的两个方面。其中，理顺社区治理主体关系的主要内容包括社区居委会与其他社区主体的关系、社区治理主体之间的关系两个方面，目的是要形成以社区党委会、居委会为指导，社区各治理主体通过协商协同治理的局面。在多元主体参与社区治理的过程当中，社区居委会不再扮演"政府政策执行者"的角色，而要充分发挥居委会在社区的自治职能，以党建引领为核心，指导社区的建设与发展。而在社区事务管理方面，社区居委会则要和社区治理主体保持地位平等，实现协商共治，即由"一元化社区管理"变为"多元化社区治理"。理顺社区主体治理关系要明确各治理主体的权责范围。只有构建权责明确、地位平等的社区治理主体关系，才能减少后续社区治理过程中遇到的问题。另外，理顺社区主体治理关系还要有法律法规的保障，制定地方法规确定治理主体的权责与服务范围，才不会出现职权越位、缺位的情况。

社会工作在参与社区治理过程中，应紧跟国家多元治理的实践趋势，协助社区运用治理主体网络构建和制度构建相结合的方式理顺社区治理关系。按照"先有后好"、分部建构的原则，先后建立居民议事厅、志愿者协会、兴趣协会等治理主体，并协助制定《小区居民议事会议制度》《社区依法履职工作事项清单》和《社区依法协助党委政府工作事项清单》等相关制度。在整个介入过程中，社会工作者应始终坚持增权赋能的助人理念，帮助社区居民了解社区治理的内容与技巧，明确社区治理事项；还应作为信息提供者，协助治理主体制定服务范围、服务制度等内容，以此激发社区内部治理活力。

（二）促进社区治理的内生性

促进社区治理共同体环境建设，不仅要坚持党建引领，而且还要激发社区治理主体的治理活力，积极探索创新社区治理体制，以体制为保障，促进社区治理的内生性。党的治理理念的转变是社会治理创新的基础。党的十六届三中全会指出，要完善政府的公共管理与公共服务的职能，明确党的治理理念变革的基本方向，即要抓紧社会治理体制创新，要从社会管理转变为社会治理，建设"共建共治共享"的社会治理格局，并坚持完善"共建共治共享"的社会治理制度。共建是关于社会治理共同体的建设，并彰显社会治理格局中体制建设的作用；共治即社会治理主体共同参与社会治理；共享即共同享有社会治理成果，让优秀的社会治理经验与方法更多地惠及全体人民。完善"共建共治共享"的社会治理格局，从总体上来讲，就是政府、社会组织、社会居民等主体对社会治理权责分明、各司其职、协同共治的格局。

在社会工作中探索社区治理体制创新，不仅要紧跟国家相关政策，还要紧紧扎根于社区实践，把握社区治理规律，利用实践经验与成果促进社区治理创新。目前全国社会工作介入社区治理实践大多以探索体制创新为主要手段，为社区社会组织创造更多的发展空间。社区治理的内生性是以社区治理活力为基础的发展之路，是发展客体在发展环境中的制度建构。社会工作者要坚持党建引领，彰显居民主体地位，创新参与平台，培养社区居民和社区治理主体对社区的信任与依赖，强化社区居民、社区主体参与社区治理的意愿，从而夯实社会治理根基。

六、发挥社会工作培育社区社会组织的专业能力

（一）构建社区社会组织支持网络

社区社会组织支持网络不仅指社区居民组织、社区社会组织、居委会等社会治理主体的内部关系网络及治理网络，更指可以支持社区社会组织发展建设的社会资源网络。建立有效而和谐的社区社会组织关系网络，有助于社区治理主体更加合理、有效地运用社区治理权利。社区社会组织关系网络构建得越紧密，所带来的社会资源及社区治理效果就越明显。

社会工作者可以采用互助小组、发展小组等形式加强社区社会组织内部成员的接触，提高其对社区治理的认识，从而帮助社区社会组织成员搭建正式的社会关系网。社区社会组织之间的网络构建则需要在划分治理范围的基础上建立协同合作机制，通过制度保障和项目协同，增加不同社区社会组织之间的容错率，从而增进社区社会组织之间的感情，进而建立起社会网络。社区社会组织的社会资源网络构建需要社会工作者利用专业优势，链接社会资源，诸如项目合作、承接、督导等，为社区社会组织提供必要的支持。

（二）促进社区社会组织的能力建设

社区社会组织的能力指的是社区社会组织参与社区事务、促进自我发展的能力，主要包含社会组织自我能力建设、内部治理机制建设两大方面。良好的社区社会组织能力，有助于改变社会对社区社会组织在参与社区事务方面的观念，提升社区社会组织内部人员的素质；内部治理机制建设，有助于加强社区社会组织内部人员的社会责任意识，提升社区治理水平，提升社区治理的成效。

促进社区社会组织的能力建设，首先要提升社区社会组织成员的自我能力，包含社区治理能力、项目承接能力、职业操守、服务专业能力。在志愿者培训、社会事务参与能力培训已经成为社会工作者专业工作内容的情况下，社会工作者可以运用完善科学的知识体系，提高社区社会组织自我能力的建设。在社区的项目操作过程中，不仅培育了社区社会组织的自我能力，而且积极运用资源渠道等优势帮助社区社会组织寻找自我发展之路，实现自我赋权。其次要帮助社区社会组织完善内部机制建设。良好的内部管理机制是社区社会组织获得社会公信力的前提，内部管理机制包含预算、目标、具体操作流程、核算等环节。社会工作机构本身已经有完善的机制，将这种机制建设经验通过社会工作专业方法传授给社区社会组织，能提升其社会公信力，从而促进社区治理。

（三）激发社区社会组织的治理活力

激发社区社会组织的治理活力，就是要激发社区社会组织在"政府失灵"方面的弥补和矫正作用，换句话说，就是要激发社区社会组织的"社会性"。法制保障是必由之路，另外还需要积极培育和孵化社区社会组织，还要促进社区公众积极参与。党的十九届四中全会强调，要加强依法治理，把制度优势更好地转化为国家的治理效能。社会工作能激发社区社会组织的活力，各地政府要在社区社会组织孵化、培育的制度基础上，积极为社区社会组织提供项目承接、资金支持、渠道建构等方面的服务，减轻其对政府的依赖，从而激发社区社会组织的治理活力。

第三节　社区治理的创新发展——智慧社区

一、智慧社区的概念及特征

（一）智慧社区的概念

智慧社区一词源于西方发达国家。美国圣迭戈大学为应对20世纪后期技术变革和社会经济的挑战，于1992年提出了智慧社区这一概念。之后，随着研究的不断深入，IBM公司逐步提出了智慧地球、智慧城市等概念。智慧社区成了智慧城市建设中不可或缺的重要组成部分。在我国，智慧社区最早被称为智能化小区，是指在社区范围内，有意识地综合利用各种手段，为社区各类群体提供服务，满足社区发展需求，提高居民生活质量。随着对智慧城市研究的不断深入，智慧社区这一概念逐渐提上日程。

通过对相关文献整理发现，学者从不同角度对智慧社区进行了界定。一方面，从智慧社区所采用的技术、具体功能等角度进行概念界定。这类观点认为，智慧社区建设的关键在于应用现代网络信息技术进行智能化建设，形成基于大规模信息智能处理的新的管理形态社区。另一方面，学者更多的是从建设智慧社区应达到什么样的目的的角度进行界定的。此类观点则认为，智慧社区是在现代信息技术基础上，整合数据，深入分析，以实现智慧的决策和行动，并达到智慧状态的最终目的。此外，2021年，国家信息中心智慧城市发展研究中心与中睿信数字技术有限公司联合发布的《智慧社区建设运营指南（2021）》，从官方层面界定了智慧社区：一般而言，智慧社区是利用5G、物联网、大数据、人工智能、区块链等新一代信息技术，以社区的智慧化、绿色化、人文化为导向，融合社区场景下的人、地、物、情、事、组织等多种要素，围绕社区居民的公共利益，促进社区居民交往互助，统筹公共管理、公共服务和商业服务等多样资源，提供面向政府、物业、居民和企业等多种主体的社区管理与服务类应用，提高社区管理与服务的科学化、智能化、精细化水平的一种社区管理和服务的创新模式。

基于以上学术界的智慧社区概念的相关研究，我们可以将智慧社区定义为：以利用现代信息技术为前提，以充分整合各类资源、不断创新社区服务形式为主要特征，具体涉及智慧平台、智慧安防、智慧家居、智慧养老、智慧医疗以及智慧物流等多领域的以实现精细与智慧的社区管理和精准与便利的民生服务为主要内容的一种基于信息智慧处理的新型社区管理形态。

（二）智慧社区的特征

从智慧社区的具体特征看，主要呈现以下特点，即以人为本、科学管理、智慧感知、定向服务。

1. 以人为本

以人为本是智慧社区的首要特征。这是因为建设智慧社区的根本出发点就是要以社区居民的需要为主，同时还要围绕社区治理和居民需求提供高质量、个性化、智慧化、方便化的公共服务。社区服务以居民的需求为本，而社区居民的基本需求就是要有一个舒适、安全的宜居环境，只有在满足基本需求的基础之上，居民才会有更高层次的需求，诸如归属感、幸福感。因此，以人为本贯穿智慧社区建设始末，是其首要特征。

2. 科学管理

科学管理则体现在智慧社区以现代信息技术为基础，重新塑造社区治理和办事流程，在提升效率的同时为社区居民提供精准与便捷的公共服务。随着云计算、大数据等新兴技术的发展，现代社会俨然成为一个信息社会，社区居民面对错综复杂的信息轰炸，选择自己需要的信息变得愈发困难。社区中包含了社区居民的衣、食、住、行等各类信息，加之居民的复杂性、人员的流动性等，都给社区的管理带来了不小的困难。而智慧社区搭载的综合信息服务平台，能够有效地将各类信息进行整合，实现信息管理便捷化、实时监控和调度，这样就能够克服上述困难，实现社区管理的科学化。

3. 智慧感知

智慧社区在现代信息技术的支撑下，能够将人与物实现互联，建立数据中心，进而对社区中的对象实现对应感知和分析。不管是智慧家居，还是智慧化的公共设施，无时无刻不在展示智慧生活。各类设施的智慧化使得各类服务变得更加便捷高效，培养出了新型服务方式，激发社区新活力，使社区居民实现智慧化感知。

4. 定向服务

定向服务顾名思义就是提供更为精确的、有针对性的服务。智慧社区依托现代化信息技术建立了数据中心，通过对居民心理和行为等各类信息的分析，一对一地给居民提供精准的个性化服务。随着社会经济的发展，居民的生活水平不断提高，人们对于社区的服务提出了更高的要求，更加注重"质"的要求。社区居民的具体要求各有不同，智慧社区的建设就是要借助现代化智慧技术有效分析各类居民的具体需求，以期制定并提供针对性强的定向服务。

二、智慧社区建设的理论基础

（一）新公共服务理论

新公共服务理论是在对传统公共管理理论进行深入研究的基础上形成的，同时，又是对传统公共管理理论的继承与发展。传统公共管理理论学者主张"公共管理者在管理社会事务时，应该集中精力为群众服务，简化权力，而不是简单地对群众进行管理"。新公共服务理论在继承的基础上，则更强调普通民众的重要性。

这一理论主张在发挥有限政府作用的基础上，要更加关注和实现民众的权益。新时代的城市智慧社区建设强调要以人为中心，依托现代信息技术，为社区居民创造一个安全、高效、舒适、便利的生活环境。基于上述两种理念存在契合之处，新公共服务理论能够为智慧社区建设奠定一定的理论基础。

（二）协同治理理论

协同治理理论兴起于20世纪70年代。关于其内涵，不同学者的理解有所差异，如美国学者多纳休认为，协同治理的前提是拥有共同目标，在这一前提下，政府部门、公益部门、私营部门及公民等主体为了实现共同目标而协同运作；学者扎待克认为，协同治理是指上述主体共同制定规则，并在这一规则的约束下，为了实现共同目标而展开通力合作。尽管表述有所差异，但其实质内涵是相通的。总的来说，协同治理理论主张必须要有多个利益主体，如政府、社会组织、企业和公民个人等，而且是各主体在共同利益的促使下，以协同合作的方式参与治理，通过有效提升治理的效能来增加公共利益。

所以，在协同治理理论看来，治理的主体存在多元化的特点，即除政府以外，社会组织、企业和公民个人均可以作为治理的主体。这一理论与智慧社区建设的理念存在相通之处。城市智慧社区的建设也是一个多元主体共同参与的过程，通过政府、社区、社会组织、社区居民等多个主体之间的良性互动，来创造良好的社会治理格局，进而实现新时代社区居民对于美好生活的向往。

三、智慧社区建设的现状

（一）智慧社区建设取得的主要成就

相较于国外来说，我国智慧社区的建设起步相对较晚，大致从21世纪初开始，"十二五""十三五""十四五"时期进入快速发展期。而基于我国的国情，智慧社区的建设源于智慧城市的发展需求，而且主要是从北京、上海等一些经济发展较快的省市、地区开始的。近年来，随着城市智慧社区建设的不断推进，各方面都取得了较大的成就。

1. 智慧社区基础设施不断完善

（1）网络基础设施日益健全

基础设施在智慧社区建设过程中起着支撑作用，而网络基础设施为实现社区治理的智能化奠定了基础。在当今这个大数据时代，互联网、物联网、移动宽带以及云计算等成为重要的物质基础。所以，要想将大数据运用于社区治理，社区则须拥有较为完备的网络基础设施，而且，除了硬件设施，还需要更加完备的软件设施，这样，才能使人与人、人与物甚至是物与物之间都能实现完美的对接,这也是推动智慧社区建设的物质基础。伴随着生活水平的不断提升,互联网在人们的日常生活中发挥着越来越重要的作用,互联网的市场需求量也在不断提升,《中国互联网络发展状况统计报告》表明,截至 2020 年 3 月,"我国已建成全球最大规模的光纤和移动通信网络,行政村通光纤和 4G 比例均超过 98%,固定互联网宽带用户接入超过 4.5 亿户。同时,围绕高技术产业、科研创新、智慧城市等相关的新型基础设施建设也不断加快"。截至 2022 年 6 月,我国网民规模为 10.51 亿,互联网普及率达 74.4%。国家"十四五"规划中也明确提出,要"系统布局新型基础设施,加快第五代移动通信、工业互联网、大数据中心等建设"。这些网络基础设施的完善也为实现社区治理的精细化和智能化奠定了基础。

(2)便民智能终端不断更新配置

配置便民智能终端也是智慧社区基础设施建设中的重要组成部分,其目的在于通过利用现代信息技术提高社区治理的智能化。比如,在公共区域安装监控设备,为社区居民的人身和财产安全提供保障;在社区安装电子信息显示屏,代替以前的公告栏,主要用于发布一些社区活动安排、办事流程以及公益事项等;设计和开发公众号、小程序等,主要方便社区居民的一些日常缴费,如水、电、燃气、物业费等,使社区居民"足不出社区"就可以完成各项费用的缴纳。此外,还设置了烟雾报警器、智慧消防栓等消防安全类设备,并在其中 50 家居民家中安装了烟感、智能手环等智能家居设备"。且该应用场景的使用已初见成效。这些便民智能终端的配置和使用,在为社区居民提供便捷服务的同时,也方便政府相关业务部门实时采集和汇总数据,会极大地提高其工作效率。

2. 智慧社区建设规划日渐规范化和系统化

智慧社区的建设需要有相关政府部门制定的制度规范作为依据,这样,既能提高智慧社区建设的权威性,也有利于为智慧社区发展建设提供规范的指导。2016 年,民政部、发改委等部门联合印发的《城乡社区服务体系建设规划(2016—2020 年)》中就对社区服务机制、服务设施布局以及服务信息化发展格局等进行了明确规定,其中提到"到 2020 年,基本公共服务、便民利民服务、志愿服务有效衔接的城乡社区服务机制更加成熟;社区综合服务设施为主体、专项服务设施为配套、服务网点为补充的城乡社区服务设施布局更加完善;网络联通、应用融合、信息共享、响应迅速的城乡社区服务信息化发展格局基本形成"。

全国各地也积极响应国家的号召，纷纷开展智慧社区建设工作。如2015年，安徽省合肥市包河区方兴社区在全省率先出台《"智慧方兴"三年规划（2015—2018年）》，经市发改委、市国资委、市民政局验收后在全市印发，形成合肥市智慧社区建设的标准。其建设智慧社区的采取的措施主要有两项。第一，项目化推进。先后落实平安社区、数字城管进小区、智慧小区等七个项目，全面启用社会服务管理信息化平台，打通服务居民最后一公里，初步实现"全科服务、一门受理"；积极试点智慧小区建设，实施居民源头信息采集和旅栈式管理，破解小区治理难题；上线"智慧方兴"APP，提供便捷服务，让"信息多跑路，居民少跑路"。第二，产业化运作。与科大讯飞合作，搭建社区治理创客平台，以营销"社区治理理念"为抓手，孵化社区治理社会组织和软硬件企业，培育智慧经济产业链，深入推动智慧社区建设产业化。这些建设规划内容的明确规定使得智慧社区建设能够有据可依，并且使建设过程规范且有序推进。

3. 智慧社区管理日趋精细化和智能化

所谓精细化管理是指注重细节、精益求精和追求卓越的治理模式，它主要涉及信息、制度和能力。智能化管理是指运用新一代信息技术和大数据思维方式，对社区信息进行收集、分析和处理，找到隐藏在数据背后的联系，并将其运用于社区决策和服务中，从而极大提高社区治理绩效的过程。杭州市在智慧社区建设过程中取得了一系列成效，如"善贤社区居民通过使用IC'一卡通'实现了党建、管理、安保、医疗、养老等各项服务的一体化；滨江区新州社区和西湖区政苑社区通过建立各种智能化平台，将各种数据进行共享"。通过不断深化各种便民服务，使得社区居民在足不出户的情况下就可以享受到来自社区的各种便利服务。这也从侧面反映出"智慧社区"的建设成效，也使得便民服务日趋精细化和智能化。

社区网格化管理是社区管理精细化和智能化的集中体现。而所谓的网格化管理就是通过运用地理信息系统和现代信息技术手段，将管辖区域内的地理位置以网格的形式进行划分，并将各网格内的人、事、物分别输入网格系统中，利用数据资源库内信息的共享和共融实现城市或社区在管理方面的纵横联动，而这种管理方式会极大地提高政府和社区的工作效率。将城市分为若干网格化区域，以社区为单位进行管理，通过将社区工作落实到相应网格员个人身上，使责任能够严格落实、追究，这种模式可以优化办事流程，极大地提高工作效率。而将网格化管理模式全面应用于智慧社区建设的典范是北京市。该市房山区西潞街道苏庄三里社区在智慧社区建设的实践中,采用"育网式"的工作方法,将社区党建融入网格化管理服务模式中。这种管理模式也作为智慧社区建设的一大特色,在全国其他城市得到了极大的推广。如沈阳市大东区蓝山社区党委在基层治理的实践中也运用了"一网一格"的方式,"通过智能门禁系统收集信息、拓展服务,以智慧社区党建为依托,深化网格'智治'"。可见这种网格化管理模式对于推进城市智慧社区建设具有重要意义。

4. 智慧社区评估机制日益科学化和民主化

智慧社区的建设应该是一个有始有终的过程。评估机制是检验智慧社区建设成果的有效标准,所以智慧社区建设的评估应该有着完整的体系和严格的流程。国家发改委办公厅出台的《新型智慧城市评价指标(2018)》(以下简称"《评价指标》")中将智慧社区归类于其中一个一级指标——惠民服务中,并将其作为智慧城市的评价指标。《评价指标》中明确规定,"智慧社区的评价指标主要是看信息系统覆盖率,并对此覆盖率的计算有明确的数据要求:主要是对综合信息系统进行评价,即运用现代信息科学手段,整合区域人、地、物、情、事等各类信息,集成区域公共服务、志愿服务、物业服务、便民利民服务、商业服务等资源,综合提供社区党建、治理、服务、交往等功能的智能化平台(应用)"。而且,全国多地也结合地方发展实际,制定了相关建设标准,如《北京市智慧社区建设指导标准》中对于智慧社区建设的评估就进行了明确的规定,要求既要有完整的体系,也要有严格的流程。评估标准规则也有细化要求,通过制定详细的评价指标,对于符合其指标的智慧社区予以星级认定,进行升级。而且,每年会根据智慧社区建设的实际确定升级社区,并在政府网站予以公布。

(二)智慧社区建设存在的主要问题

由于经济、科技等多方面因素的限制,目前我国智慧社区的建设仍然存在一些问题,主要表现为制度支撑性不足、智能化建设尚待提高、专业化建设亟待加强、信息安全法律保障不到位等。

1. 制度支撑性不足

城市智慧社区的建设需要有据可依。现阶段,我国智慧社区的建设依然存在制度支撑性不足的问题,主要表现在管理和运行制度不健全与信息化制度建设较为缺乏并存和社区信息业务管理体制不够完善两个方面。

（1）管理和运行制度不健全与信息化制度建设较为缺乏并存

第一，管理和运行制度不健全。首先，缺乏社会参与机制。在智慧社区建设的过程中，本身各参与主体的权益诉求就不一致，这可能会影响到各主体参与建设的积极性，再加上长期以来政府"大包大揽"的做法，更直接导致了我国智慧社区建设存在着政府主导多、社会与居民参与少的问题，简言之，智慧社区建设仿佛只是政府的"独角戏"。其次，智慧社区建设运行的保障和监督机制尚不健全。智慧社区建设需要有相应的资源投入作为保障，但是，除了前期的投入，后期的运行也尤为重要，如若缺少运行的保障和监督机制，则会直接影响其智能化建设，从一定意义上来说，智能基础设施建设的闲置浪费现象就源于此。

第二，信息化制度建设较为缺乏。城市智慧社区的建设需要有信息化制度建设作为基础，从一定意义上来说，信息化制度建设决定着智能化建设的水平。然而，从目前建设的现状来看，信息化制度建设是落后于信息化进程的。

（2）社区信息业务管理体制不够完善

目前，社区信息业务管理体制表现为垂直系统。就现阶段来说，由于缺乏较为统一的领导以及协调，信息系统有时处于孤立、分割的状态，存在着严重的"信息孤岛"和信息碎片化问题。信息系统内大量的基础数据，如人口、计生等，基本上是社区工作人员通过实地走访所取得并录入系统中的，工作量很大。但是，由于缺乏统一的数据标准，这些信息在录入的过程中，还存在着多个系统重复录入的问题。再者，受国家行政体制的影响，对于系统内信息的使用权限却往往集中在上级职能部门，而作为基层治理单位的社区和街道层面在实际工作中并不能直接查阅这些信息。而且，有些社区的工作本身就存在"行政化"倾向严重的问题，这样，仅凭少数社区或部门的努力仍旧很难做到信息资源的共享。此外，目前，智慧社区建设依然缺乏较为规范和统一的技术标准，重复建设及盲目建设的问题仍旧存在。这些问题均直接影响了智慧社区的智能化建设。

2. 智能化建设尚待提高

（1）基础设施建设存在既不均衡又有闲置浪费的现象

这特别体现在智慧社区硬件设施建设水平参差不齐方面。有些地区的信息基础设施建设明显滞后于经济社会的快速发展，不足以支撑智慧社区建设。人大代表张近东提出"我国智慧社区建设在宏观层面存在区域性发展不平衡的问题，东部沿海地区经济发展相对较快，其基础社区建设则相对完善，但地处经济发展相对较为缓慢的西部地区，受建设成本和消费水平所限，其基础设施建设也相对较为落后"。有些社区的基础设施，如摄像头、电子显示屏、监控设备、门禁系统等，安装后有的逐渐疏于管理和维护，有的损坏失灵，有的闲置和浪费。有的社区并设有微博、微信公众号等，但在实际工作过程中，存在着作用发挥不充分的问题；有的社区公共区域网络信号较差等。

（2）数据共享无通道，系统之间有壁垒

信息孤岛林立、数据共享困难以及业务系统难以互通是当前智慧社区建设所面临的挑战，这些挑战的存在严重影响了智慧社区建设工作的推进。很多地区都存在着如下问题：社区内运行着多个垂直的业务应用系统，各系统内的信息条块分割严重，系统运作分散，彼此之间独立运作，这也导致了信息部门化、碎片化的问题。再加上社区系统内的数据不统一、不规范、不一致，导致系统内的数据存在重复的问题。而同一类别的数据又往往不尽相同，这导致数据资源不能共享、政务资源整合相对困难。这些问题不仅会降低社区管理与服务的效能，而且社区工作人员有时重复采集、录入数据，在一定程度上也会浪费社区有限的人力和物力资源，这些都会制约智慧社区的建设和发展。

3. 专业化建设亟待加强

（1）智能化专业技术人才短缺

《大数据蓝皮书：中国大数据发展报告 No.5》显示，目前中国大数据人才依旧紧缺，尤其是数据分析、数据研发等技术类人才缺乏更为明显。

智慧社区建设有别于传统社区建设的地方就在于社区建设的智慧化，而智慧化建设的前提是需要有大数据等信息平台作为技术支撑，这样，智能化专业技术人才则变得至关重要。而当前这种信息技术人才稀缺的状况就会严重阻碍智慧社区建设的进程。

（2）现有社区工作人员专业素质不够

社区工作人员处在城乡改革、发展、稳定的第一线。在日常工作中，社区是其工作场所，居民是其工作对象，在党、政府与人民群众之间起着"桥梁"和"纽带"的作用。但是，目前来看，一些城市社区的一线工作人员往往存在如下问题：工作人员缺乏定期专业的工作培训；在人员构成方面，普遍存在年龄偏大、学历偏低、男女比例失衡等问题。比如杭州市滨江区新洲社区的女性社区工作人员居多，且年龄分布集中在 26～35 岁；在专业素质方面，普遍存在信息技术能力偏弱、专业化服务不够，也缺乏现代化、信息化的创新服务意识。

（3）政府主导多，社会与居民参与少

一直以来，智慧社区建设倡导的是按照"政府主导、行业引导、企业和社会共同参与"的方式进行运作。但是，在实际建设过程中，由于社会参与机制尚不健全，造成了建设主体多是以政府为主的局面，基本上成为政府的"独角戏"。当然，除政府之外，也有少数其他主体参与其中。

一方面，智慧社区的建设不可避免地会需要一些基础运营商参与进来，如技术开发商、网络服务商和智能安防厂商等，他们主要负责智慧社区的基础投资建设以及后期运营。但是，这些基础运营商作为企业参与进来，在提供相应服务的同时，就不可避免地要追求经济效益。他们往往站在自身的立场上，按照自己的模式进行建设，忽略了用户的实际需求，这就会导致参与的结果并不能尽如人意。如果放任各企业进行建设，可能会出现企业所供与居民对智能生活所需不够匹配的问题。另外，整体上还呈现参与面较窄、运转效率偏低等问题，这在一定程度上都会削弱企业参与的积极性。

另一方面，居民作为社区的主人，在实际生活中，很多地方也未能深入、充分地参与进来。由于一些社区的日常文化建设氛围不够浓厚，导致居民对社区的认同感和归属感较弱，社区整体的凝聚力不强，同时也降低了居民参与智慧社区建设的积极性。

4.信息安全法律保障不到位

（1）信息化法律法规建设不够健全

《中华人民共和国网络安全法》第四十条明确规定："网络运营者应当对其收集的用户信息严格保密，并建立健全用户信息保护制度。"但是，在今天的网络信息技术时代，个人信息泄露事件时有发生，所以，保障信息安全和数据安全既是推进智慧社区建设的重点问题，同时也是智慧社区建设的一大难点。便民智能终端和家庭智能系统是智慧社区建设的基础部分，而这两部分在安全防范技术方面还存在诸多问题，如小区录像、车辆进出信息有着被盗取的风险，户主的隐私安全面临风险等。就目前来说，有些地方的数据应用仍处于灰色地带。如果在智慧社区建设的过程中，所有的方案均以数据的方式呈现，一旦相关数据被上传到云端，由于缺乏完善的保密措施，再加上云端平台的安全防护系统仍存在漏洞，相关的数据备份管理如果不够完善的话，就极易出现数据安全问题。

（2）建设主体的法治意识较为淡薄

由于缺乏相关法律法规的明文规定，所以，社区信息开放和共享的边界也

缺乏明确的规定。在智慧社区建设的过程中，由于各建设主体的法治意识较为淡薄，不可避免地会出现一系列问题。

首先，就社区工作者来说，由于其专业性程度不高，对法律知识认识不足，在日常工作中有时可能在无意识的情况下就会泄露社区居民的隐私信息；同时，他们的法治能力比较缺乏，导致执法水平较低。

其次，就社区居民来说，有些社区居民在参与建设的过程中，由于法治意识较为淡薄，也可能出现违规行为，侵犯到他人的隐私，而且，当个人权利受到侵害时，相当一部分社区居民首选的解决途径并不是诉诸法律，而是找关系、私了或其他途径，这些都为智慧社区的建设带来了巨大的挑战。

四、智慧社区建设的发展趋向

（一）管理和服务流程信息化

智慧社区的管理和服务模式与传统社区有很大区别，主要是通过综合运用新一代信息技术，实现对社区管理流程和服务流程的改造与升级。这种管理和服务流程的信息化主要体现在：第一，通过运用信息技术手段，在为社区居民提供便利的同时，也极大地提高了社区工作人员的办事效率，如在统计居民信息时，通过使用公众号、小程序等网络手段，取代了传统的挨家挨户上门登记的方式；第二，利用信息技术手段丰富社区管理和服务的内容与方式，进而实现对社区日常事务、业务的改造和升级，如居民日常的水、电等费用的缴纳等。这种信息化的管理、服务方式，在使广大社区居民获得更为全面、周到服务的同时，也进一步推动了政府管理的精细化。

（二）社区信息集成和业务处理智能化

社区信息包括多方面的内容，如人口、安全、消费和需求等，这些信息不仅种类繁多，而且数据量较大。智慧社区的建设就是通过使用现代信息技术和大数据思维模式，通过挖掘、分析各数据之间的关联性，找到隐藏在数据背后的联系，以便更好地认识各数据的发展变化规律。

也就是说，通过数据平台所储存的信息，进一步从中分析社区居民的现状、行为特点以及活动规律，进而预测和掌握居民的需求，通过数据分析找出表面数据背后所隐藏的实质信息，以提高社区日常业务的效率。这一过程实际上也是信息集成和业务处理更加精细化、综合化和智能化的一个过程。

（三）社区信息系统日益开放和动态化

当前，随着科学技术的不断进步，人们对于美好生活向往的期待值在不断上升。那么，社区管理与服务的方式也应该紧跟时代步伐加以创新。社区是社会治理的基层单元，在为社区居民提供基层服务的同时，也接受着上级管理与服务机构的纵向管理要求。为了提高管理与服务的办事效率，社区信息系统就需要具备开放性和动态性，而这种开放性和动态性是智慧社区可以提供的，而且也是智慧社区建设必须遵循的。

（四）社区服务不断满足居民个性化的需求

智慧社区建设的本质是以人为本、为民服务。通过运用现代信息技术，不断丰富服务的内容、方式，进而推动服务质量的不断升级，是智慧社区建设的重要趋向。具体来说，就是由传统的单一服务转变为综合性、多元化的服务，服务的评价标准也由以往的客观指标向着更为体现居民意愿的主客观相结合的评价标准过渡和转变，通过充分满足辖区内居民对于服务的更为人性化、个性化和多元化的需求，打造公平正义、民主平等、团结互助的社区氛围。

五、国外及国内优秀案例的经验与启示

（一）国外优秀案例的经验

云计算、物联网、大数据、人工智能、区块链等新兴技术的崛起给基层治理智慧化、数字化带来契机，其目的是优化治理过程、提高治理效率、增强治理能力。将原来零散的治理要素进行有效的整合，达到各个要素为政府所用的目的。

互联网技术兴起于国外，智慧社区的概念最早是由美国学者约翰·M.埃格提出的，提出这一概念旨在利用数据化、信息化等措施促进政府、社区健康以及可持续发展。虽然，国外社区的模式与我国社区的模式大相径庭，但在顶层设计、主要理念和依靠力量方面仍有一定的借鉴意义。

1. 美国智慧社区建设的经验

关于"智慧"类的概念最早源于美国，而美国也是最早践行这些概念的国家之一。1996年，圣迭戈大学与加利福尼亚州政府合作，推出了首个智慧社区，那时的智慧社区与现在的智慧社区存在着较大差别，但这是学校与政府合作的首例，标志着智慧社区概念走出了"象牙塔"，开始接受社会的检验。关于美国建设智慧社区方面的优点与经验,有三方面尤其值得我们学习与借鉴。

根据美国智慧社区建设的经验,要建设并运用好智慧社区,不可或缺的是政府的支撑,如政策上重视、提供环境、学术上研究以指引方向,也需要市场热捧以扩大规模,还需要居民参与联合建设。

(1)国家战略层面的重视

美国是全球最先进、最发达的国家之一,其先进的政府治理理念一直以来都被全球其他国家争相学习。美国在完成基础层面的设施建设以后,转而向更高层次的治理理念迈进,旨在利用智慧社区体系为社区居民提供更多更优质的服务,同时也能拉动美国高科技产业发展,创造更多的价值。在实际执行方面,美国联邦政府异常注重智慧社区的建设,并将其作为国家战略重点发展,先后发布了国家宽带计划和国家空间数据基础设施战略规划,引导信息化发展,又发布了《白宫智慧城市行动倡议》,明确政府将投入 1.6 亿美元,帮助社区应对如何减少交通堵塞、打击犯罪、促进经济增长、应对气候变化以及提高城市服务质量等重大挑战,推进政府向服务型政府转型。2015 年,发布了《美国创新战略》用于响应智慧城市的行动倡议,旨在创造一个有利于创新的生态系统,以此营造利于私营部门产业发展的环境,为充分调动私营部门参与智慧城市建设铺平道路。发布了《智慧互联社区框架》旨在帮助协调联邦政府投资和私营部门合作,引导加快智慧社区基础研究并促进智慧社区的研究成果转化为标准的解决方案。也就是说,美国政府首先提出顶层设计的意见,再发布利于私营部门参与建设的政策,最后形成产学研闭合生态,以便加速智慧社区落地。

(2)充分调动企业参与建设

美国联邦政府为解决智慧社区体系建设的落地工作,充分鼓励、调动企业从头开始参与智慧社区标准的制定与体系的搭建工作,而企业为了创造更多的利润,积极性也足够高。最为著名的例子是迪比克,别称杜比尤克,位于美国艾奥瓦州东部,于 2009 年与 IBM 合作,运用了传感器联网技术,将城市的水、电、燃气、交通等资源整合起来,再配合软件分析,使用可视化手段,极大地提高了效率,成为智慧社区建设的典范之一。

继 IBM 后,微软、麦肯锡与思科等高科技公司也加入了智慧社区的建设中。思科提出经济全球化的智慧社区策略,旨在把全球的社区联合起来。微软提出了"未来城市(City Next)"计划,这项计划是微软发挥其在操作系统方面的优势,建立起的人机互动的智慧社区服务体系。美国政府发布指导政策,创造足够大的市场,引导这些高科技企业成为推动美国智慧社区建设的不可或缺的力量之一。

(3) 引导社区居民参与共建

美国的各种社区组织非常发达,他们给政府在社区的治理中提供了极大的力量。在建设智慧社区时,美国联邦政府采取听证会的方式让社区组织、社区居民充分表达自己的意见与建议,并通过多种公开的信息化渠道使社区全体居民知晓这些意见与建议,引导社区居民共同参与建设。美国的智慧社区建设能够成功,正是通过引导社区组织、居民充分参与智慧社区建设,倡导居民表达意见并充分吸收意见实现的,这些举措使美国政府建成了满足居民需求的智慧社区,这对智慧社区的建设极其重要。

2. 日本智慧社区建设的经验

在发展智慧社区项目时,日本值得借鉴学习的经验主要表现在两个方面。在主要策略方面,因地制宜,以城市建设的特点进行规划、构想并落地实施。在主要模式方面,促进政府与企业联合推进,遵循先点再面、先易后难的推广原则进行建设。

(1) 日本智慧社区建设目的

一般来讲,日本建设智慧社区的初衷是平衡匮乏的自然资源与多发的自然灾害之间的关系,达到充分、高效地利用自然资源服务社会、服务民众的目的。主要是为了充分协调地震、海啸等自然灾害与基础设施建设之间的矛盾,如建设智能电网系统、智能供给水系统、智慧燃气系统、智慧医疗等符合当地特征的项目。

(2) 日本智慧社区战略规划及体系

日本也是高度信息化的国家,其数字化与信息化方面的建树不仅对全球的科技发展有着深刻的影响,而且对世界信息科技发展也具有引领作用,这也是日本能成为首批建设智慧社区的国家之一的原因所在。

一般来讲,可以将日本智慧社区的建设分为六个战略阶段。第一个阶段是宽带日本战略,即"e-Japan",也就是于 2005 年实现 3000 万家庭能宽带上网、1000 万家庭实现超高速宽带上网;第二个阶段是"e-Japan"2002 年工程计划,根据计划,日本要在 2002 年建成全国各级政府网络的基本构架;第三个阶段是"u-Japan"战略,于 2010 年实现人人都可以随时随地上网;第四个阶段是"i-Japan"战略,于 2015 年建成创新型的数字化社会;第五个阶段是智慧社区战略,着力研究智慧社区体系,立志成为全球尖端的数字化、信息化国家;第六个阶段是建设"零能源"住宅,于 2020 年超过 50% 的新建住宅必须满足零能源标准。

日本自 2010 年起正式开始智慧社区类项目的建设，制定并发布了关于能源与社会体系的五年计划，将水、电、燃气与交通资源等进行整合，形成统一的平台供政府及相关组织使用。日本智慧社区服务内容主要包含五个方面，分别是社区引导和建设完成的物业服务、家政服务、物流服务、商业服务、医疗服务，这些服务主要面向的人群是老弱病残孕等弱势群体，主要搭建的信息化系统是电子商务系统、物流系统、电子政务系统、家政服务系统、医疗卫生系统。自提出智慧社区类项目建设以来，日本已经有超过 50 个地区积极推动智慧社区建设，并且能够快速落地、形成规模发展。其中最为出彩的是横滨市智慧社区体系。

（3）日本智慧社区项目落地实施

横滨智慧社区项目名为 Intelligent City Project，核心内容是在不改变城市大格局的情况下，改造现有基础设施，融入智能化系统以及各类智能应用，使横滨市成为建设智慧社区的先驱。其具有特色的内容主要体现在四个方面：一是承接日本建设"零能源"住宅战略，大规模地使用可再生能源，如太阳能、发电厂的废热利用等，降低二氧化碳排放，提高能源利用率；二是向社区家庭提供能源管理系统，以家庭为单位对可再生能源进行管理，提高管理效率，实现能源损耗降低的目的；三是向物管公司提供类似家庭的能源管理系统，实现商业范畴内降低能源损耗的目的；四是大量应用社区内的光能、废热能等，减少二氧化碳排放，提高能源使用效率。至于智慧社区的其余内容则是按照政府建设标准稳步推进，在建设过程中，充分调动社区内的商家与居民参与，使智慧社区建设产生最佳效果。

3. 新加坡智慧社区建设的经验

新加坡在建设智慧社区时，值得学习的是政府对社区居民的引导工作。新加坡与我国都采用网格化方式管理社区，形成以政府为主、以社区自治为辅的局面，但是在建设智慧社区时，政府对社区居民的需求管理、对政府间各部门的组织协调是我国大多数地区在建设智慧社区时缺乏的。同时，在智慧社区内容建设方面，我国应该借鉴学习新加坡对特殊群体的关照。

作为亚洲四小龙之一的新加坡，这个依岛建国的国家的自然资源是极度匮乏的，新加坡国民人数大约 500 万，国土面积 700 多平方千米，并且适合生存的地区也不多，所以人口密度相当大。好在新加坡处于重要的交通要道，这极大地促进了新加坡的发展。正因为资源匮乏，为避免造成资源浪费，新加坡极度重视城市规划，在美国将建设智慧社区上升到国家战略层面以后，新加坡也抓住契机，计划将新加坡建设成为智慧城市与智慧社区的代表国家。

社区社会工作与社区治理研究

从19世纪80年代起,新加坡先后制定了"国立信息技术""IT 2000""智慧国家2015""智慧国家2025"战略计划,致力于把新加坡打造成世界首个"智慧国家"。在这些战略的指引下,新加坡政府部门积极行动,制定了相应的智慧化转型策略和计划,快速兴建信息化基础设施、充分开发智慧化应用、大力培育信息化领域专业人才。新加坡的智慧社区建设主要聚焦在六个方面,分别是为居民提供智慧物业、智慧物流、智慧商业、智慧家政、智慧医疗以及公益服务,涉及社区居民生活的方方面面。其中比较有特色的是对于特殊群体的关注服务,如对残障人士的医疗服务、保险福利服务,对儿童提供心理辅导服务、对待业人群提供再就业技能培训服务,对老人的居家养老服务等。

上述六大方面的智慧化服务依靠的是政府提供的社区服务系统,包含了四个子系统,分别是电子商务、电子政务、社区医疗与社区娱乐,为社区居民提供十分便捷的信息化服务。值得一提的是,新加坡政府为了方便居民出行,提高居民出行效率,特别开发了基于定位的交通出行软件,让人们可以对附近的公交车、出租车以及停车场、交通路况等了若指掌,方便人们合理规划自己的出行安排。通过智慧化建设,新加坡成功拉动了本国的经济发展,促进了数据类法律法规的健全,提高了政府工作效率,是非常成功也是非常值得学习的智慧社区建设经典案例。

(二)国内优秀案例的经验

早在2015年,中央就对智慧城市的建设进行定调,强调要着力研究并推进智慧城市的建设,在建设现代化城市的基础上充分保护和传承历史、地域文化,这标志着智慧城市进入中央的视野。而智慧社区作为智慧城市的基础单元,是智慧城市的重要组成部分,也是基层治理的重要承载,因此受到各大城市的追捧。如何将智能化、人性化以及服务集于一体,满足政府各部门、社区居民以及社会组织的需求,是建设智慧社区的难点与痛点,这也是打造服务型政府的必由之路。

1. 北京智慧社区建设的经验

首先,要从顶层设计方面规划好智慧社区的建设目标和路径。一方面要科学地、细致地收集城市居民的需求;另一方面要统筹协调政府、企业和居民之间的关系,做到行稳致远,达成建设目标。

其次,充分发挥政府的整合能力,充分整合资源、信息、平台以及社会组织,使它们服务于智慧社区建设。政府的优势在于资源整合与协调处理,而在专业领域方面就需要专业的公司与人才参与,才能高效推进智慧社区的建设工作。

最后，在具体建设过程中，一定要结合当地实际，为社区居民提供人性化的智慧社区服务。智慧社区归根结底是居民的智慧社区，唯有符合当地的风俗人文才能获得居民的支持。

2012年，北京市率先出台并实施了《关于在全市推进智慧社区建设的实施意见》，该意见作为指引性政策文件，是北京市智慧社区建设的顶层设计，指导着北京市建设智慧社区的实践。2018年5月，北京社科院及社会科学文献出版社联合发布《北京蓝皮书：北京社会治理发展报告（2017—2018）》，报告中指出，北京市已建成的智慧社区达到2583个，"一刻钟服务圈"共建成1442个，城市社区的覆盖率超过85%。以"精治、共治、法治"的治理理念为指引，丰富了北京作为中国首都的社会治理体系，也极大地提高了社会治理能力。其中，比较突出的是北京市房山区实施的智慧社区建设项目。

承接北京市的总体实施意见，北京市房山区长阳镇秉持以人为本的理念开始试点建设智慧社区。首先开展的是"智慧长阳"顶层设计，借助国内知名大学、专家学者的力量，制定了《2013—2020智慧长阳建设总体规划》（以下简称《规划》），该《规划》制定了建设"智慧长阳"的短期目标、长期目标，结合实际情况与长阳镇的特色制定了顶层设计。长阳镇依托其智慧社区服务管理平台，创新性地促进街道办工作向标准化、精益化迈进，向社区内居民提供人性化、多元化、社会化的公共产品，让当地社区居民深度体验与感受到了政府的用心良苦与科技的魅力。长阳镇做好智慧社区建设的经验有四个：一是政府注重顶层设计，强化资源、信息的管理与整合，稳步推进各项工作按照短期目标、长期目标充分展开；二是坚持推进统一化的信息平台，打破壁垒，重点推进信息平台、数据库的建设，在此基础上新建公共信息平台、智慧人口管理系统和智慧养老系统等一系列应用以复用数据，充分挖掘信息财富；三是积极推进城市现代化建设，提升信息化基础设施的能力建设，大胆采用云技术契合时代发展需要，为日后的转型升级铺平道路；四是充分挖掘需求、充分调研，结合特色应用，如智慧养老应用、家人在哪儿应用、一刻钟商务圈系统等推动"智慧长阳"落地，为居民提供"一站式服务"。长阳镇以智慧社区为抓手，分别从经济、资源、社会、服务、安全等方面提升社区居民的满足感与获得感，赢得了社区居民的好评。

2. 江苏智慧社区建设的经验

为顺应新时代背景下人民对政府的要求，江苏省打造出了一批高效、安全、舒适的智慧社区，满足了人民日益增长的对美好生活的需要。其中的经验与亮点在于，结合大数据建立"一群两端多感四微"的多维度数据库，这是基层现代化治理能力的核心，拥有了该数据库就能将相关数据应用到其他民生领域。

另外，需要注意的是，在建设资金的关键问题上，政府充分发挥引领作用，利用PPP模式（政府和社会资本合作模式，Public-Private Partnership）解决了核心资金难题，这才使智慧社区建设得以高效、快速地推进。在推进过程中还同步建立了政策、技术与人才的保障方案，积极引进智慧社区方面的高科技人才，为智慧社区建设保驾护航。

基于江苏省强大的文化、社会和经济背景，江苏省与国家在建设智慧社区方面步调一致，江苏省基于第一批和第二批国家智慧城市试点建设任务书，在充分调研现状、总结和反思的基础上，以全面深化信息化建设、推进智慧化应用，促进智慧社区生态建设，提升智慧社区管理能力为原则，采取"产业化+平台化"的模式，将政府、产业、学院、市场结合起来，全面打通了智慧社区建设的产业链，破除了壁垒。在建设过程中，江苏省政府通过充分调研，听取社区居民的建议，挖掘社区需求，注重以人民为中心，制定并完善了智慧社区建设的各项规划。一是结合大数据建立了"一群两端多感四微"的多维度数据库，实现化被动为主动的社区治理体系；二是立足各个社区的特点，建设差异化的智慧社区应用，如针对老年人的智慧医疗、市民一卡通、"和谐海陵"信息亭等特色内容；三是积极、合理地引入市场主体参与，增强居民黏性，提升居民满意度；四是动态化的过程调控机制，从社会建构的角度出发，着眼于资源管理、整合以及反馈，不断优化治理内容。

以无锡市建设智慧社区为例。无锡市以PPP模式作为切入点，与当地知名企业合作开发智慧社区平台，在建设过程中，以政府为主导，建立了清晰的目标责任制，以企业为工作执行者，在顶层设计的框架下，承接智慧社区建设的具体事宜。"智慧无锡"承接"智慧江苏"的具体能力，以"一中心四平台"为建设目标，关注核心大数据能力与基础能力平台的建设，实现高效的社区管理与公共服务。为使智慧社区建设有序推进，无锡市政府还专门出台了关于政策、技术、人才和资金等一系列的保障措施。

3. 成都智慧社区建设的经验

成都市以"公园城市"的理念建设智慧社区，旨在服务成都，促进成都经济可持续发展，实现人与自然和谐相处。

成都建设智慧社区的亮点有三个。一是围绕"公园城市"理念，打造绿色友好城市，关注环境问题，将垃圾处理、新能源充电桩等低能耗、高科技的基础设施纳入智慧社区的建设中来。二是打通信息高速通路，充分重视信息基础设施的建设，竭力保障电力网络，大力发展光网、移动网以及电视网络等通信基础。三是重视信息服务系统。成都在建设智慧社区时，既重视系统的多样性，又重视多个系统之间的关联，避免出现"数据烟囱"。

2020年12月，四川省委、省政府印发了《关于支持成都建设践行新发展理念的公园城市示范区的意见》，从此"公园城市"这个理念正式进入了人们的视野。而后，国务院正式批复同意成都市建设"公园城市"示范区，国家发展改革委、自然资源部、住房和城乡建设部联合印发《成都建设践行新发展理念的公园城市示范区总体方案》以支持成都市建设"公园城市"。在中央、四川省的大力支持下，成都市委、市政府再进一步，印发了《成都建设践行新发展理念的公园城市示范区行动计划（2021—2025年）》，以新发展理念为"根"、以公园城市为"核"，有序而全方位地进行公园城市示范区建设。围绕以人民为中心，着力改善居民生活品质与基本公共服务均等化水平，大力推进智慧养老育幼、智慧教育医疗、智慧文化体育等民生工程，打造覆盖城区的"一刻钟便民生活圈"。

在具体建设过程中，成都市践行建设"公园城市"理念，一是构建起了社区院落的运营管理体系，以智慧化、智能化为基础，通过建设、提高社区治理效率为抓手，多点突破、补齐短板，通过改善配套、治理与服务等方式进行智慧社区建设，以平台化、流程化的方式明确了工作程序、工作内容与重点事项，提升了社区治理、发展能力。二是从整治民生工程入手，引起居民广泛参与，牵引起居民的主人翁意识，建立起了智慧书屋、智慧艺术红亭与智慧楼道等便民生活设施，使居民具备主动参与意识和动力，切切实实地让居民体会到智慧社区建设的好处，让智慧社区实现了百姓对美好生活的向往。三是创新社区院落的治理机制，实施"小单元治理"，将权利交还于居民，培养居民的服务与参与意识，提升了社区解决问题的效率与质量，将居民自治与社区治理有机结合起来。

（三）优秀案例经验的启示

1. 确立合适的政策导向

无论国外发达国家还是国内先进地区，在建设智慧社区时，政府都能够率先发挥主导作用，提出顶层战略设计，完善相关法律法规，制定利于智慧社区发展的政策引导发展。在新时代背景下，我国更该顺应"加强社会治理制度建设，完善党的领导、政府负责、社会协同、公众参与、法治保障的社会治理体制，提高社会治理社会化、法治化、智能化和专业化水平"的号召，同时基于我国的基本国情，政府部门作为公共事务、公共问题与公共产品的管理、解决和提供方，要做好指导，协助社区基层政府完成综合治理体系的搭建，完成治理与自治的有机融合。同时，政府部门要以人民为中心、以先进的治理理念做好整套系统的顶层设计，要不断发展和完善政策指引，要持续调整管理理念向服务型政府转型，并有规划、有计划地逐步推进智慧社区落地，从而达到构建新型、现代化社区的目的。政府要做好规划、指导和协调等工作，包括但不限于提供政策支撑以及资金支持，培养一批具有自我造血能力的社会组织力量；要积极引导、倡导和宣传智慧社区的内涵与外延，使民众更易接受智慧社区，拥护智慧社区的建设；要搭建良好的保障体系，确保智慧社区得以正常运转；要出台相关政策保证智慧社区的建设和管理过程都是有法可依的。

一是做好政策支撑。北京市房山区、江苏无锡市和成都市都是在承接国家与省级的相关指导框架意见、规划的基础上，结合当地特点制定了具有针对性的发展政策，这有利于明确本地智慧社区的发展定位、发展路径以及发展方向，从而能够引导社会各界积极参与智慧社区建设。

二是提供必要的资金支持。在建设智慧社区的过程中，要使用大量甚至是天量的资金，基层政府应积极向上级组织申请资金支持，要发挥不等不靠的精神，主动去寻找更多的融资渠道，扩宽资金的来源，如江苏省无锡市创新PPP模式，联合知名企业解决了资金来源的问题。

三是做好宣传工作。北京与成都的优秀经验表明，社区居民是智慧社区不可或缺的一部分，也是社区的主人。在建设智慧社区的过程中要以美国为榜样，遵照以人为本的理念，搭建多类别、多途径的平台引导民众充分表达、充分参与，激发社区居民对于建设美好家园的主观能动性。

四是出台法律法规。新加坡在建设智慧社区的过程中，就将制定数据类的法律法规提升到了比较高的层面。数据的采集、存储、处理是重中之重，在我国的网络信息安全被提升为国家战略后，如何保障社区居民的数据不被非法使用是亟须解决的问题。成都在践行"公园城市"理念中多次颁布相应的法律法规，甚至设立了成都市公园城市建设管理局，确保"公园城市"理念真正践行。因此，在建设智慧社区时要不断完善信息安全的法律法规，制定满足智慧社区使用的信息安全标准，避免数据被非法使用，做到有章可循、有法可依。

2. 善于结合政府与社会的力量

智慧社区的建设离不开政府力量，同样也离不开社会力量，政府与社会主体不同、参与方式不同、关注点不同、认识也不尽相同，政府与社会力量形成互补。在智慧社区的建设过程中，协调好各方的力量，达到协同共赢的目的是多方愿意看到的结果。对政府而言，智慧社区的建设满足了政府对基层综合治理现代化的渴求，满足了政府向服务型政府转型的需要，更可以提高资源的使用效率，促进经济发展，可谓一举多得；对企业而言，智慧社区的建设是一个风口，企业可以借助这个风口提高经济效益，获得更多的利润，提升企业的影响力；对社区居民而言，能享受到高科技生活，享受到更加便利、更加智能的服务。

要建成满足上述利好的智慧社区，就要求政府以多赢作为出发点，更科学、更开放、更好地结合社会的力量，实现共建共享共治的目的。让企业能够从商业的角度切入智慧社区的建设，创造出更多的商业模式与利润空间，以此吸引更多的企业参与。让社区居民能够切实感受到智慧社区给工作、生活带来的便利，以此赢得社区居民的支持与拥护。

具体而言，政府、社会组织与社区居民三者应该做好以下几方面的工作。

在具体建设智慧社区时，政府应扮演好引导者和裁判的角色。如北京市公正公平公开地开展智慧社区的建设工作，做好监督审查工作，营造一个风清气正的环境，搭建一个可以为各方服务的平台，不与企业和个人的利益相冲突，那么智慧社区的生态圈就可以自发地、蓬勃地发展起来。

社会组织要扮演好类似江苏省无锡市的角色，主要是在建设智慧社区的过程中，要做好承接者和参与者的工作，不能"唯利是图"，要真正地参与到社区的治理中来，承担起应有的社会责任，做好智慧社区产品，不断完善智慧社区建设，服从政府调配，做好应有的服务，满足政府与居民的诉求。在此基础上，追逐利润，实现效益的最大化。

类似美国与成都的民主体系，主要是在建设智慧社区的过程中，社区居民应充分表达需求，协助政府与企业不断完善智慧社区的各个功能模块，使建设的智慧社区既能满足自己的需要，也能体现本地特色。在智慧社区建成以后，要充分行使自己的评价权，要合理合法地表达自己的意见和建议。

总之，国内外优秀案例的经验就是政府要善于结合社会组织、社区居民的力量，秉持"水能载舟，亦能覆舟"的思想，努力为社会办好事，把好事办得更好，以此赢得社会组织与社区居民的爱戴与拥护。

3. 注重建设智慧社区产品的主要内容

智慧社区作为一个公共产品，需要满足人民对产品需求的同时满足政府、社会组织和居民的需求，必须注重智慧社区产品的主要内容的建设。政府依靠智慧社区做好基层综合治理，为社区居民提供便民服务。社会组织依靠政府提供的智慧社区获得市场空间，做好产品内容，做好服务，从而提升企业效益。社区居民长期生活在社区中，需要更加便利、更加生态、更加智能的精细化服务，提出更精细的需求反馈给政府，形成良好的反馈机制。要实现以上种种，这就需要智慧社区产品具有完善的内容模块。

一方面，根据江苏、成都的经验可知，建设智慧社区需要构建统一的社区综合信息化管理平台。按照统一部署、分散使用、可扩展的功能模块等要求，实现信息的多点采集、统一管理、统一使用，破除信息孤岛，让政府与相关组织更好地、更高效地利用，以便不断完善其余功能模块，提供更丰富的内容，达到信息之间无障碍交互的目的。

另一方面，通过北京市与成都市的经验可知，建设智慧社区需要基于本地特点打造有特色的内容模块。社区的内容模块一般而言可分为政府提供的非营利性的服务产品、企业提供的服务产品、保障安全的产品、医疗卫生产品、养老产品、文化娱乐产品、志愿者服务、公益活动、法律援助、信息基础设施等。

智慧社区归根究底就是一个公共产品，既然有产品属性，那么只有建设好产品内容，让社会组织更多地参与到智慧社区的建设中，形成具有本地特色的产业，让社区居民更有获得感，社区居民才会拥护，才会积极使用，这样才能形成良性循环，持续地壮大智慧社区的规模。

六、智慧社区治理建设路径

随着社会现代化进程的加快，更多生活在农村的居民离开乡村和宗族的农村定居点，进入城市并居住在城市社区。就目前的情况来说，智慧社区的实际建设还存在一定的问题，其道路探索仍存在部分障碍和困难。由于对智慧社区治理建设的概念上的理解不同，不同社区的实际运用效果也存在偏差，原始概念想法并未得到充分践行。同时，由于对建设智慧社区的技术有一定高度的要求，该系统的实际建设和应用水平也参差不齐，所以现有的建设智慧社区的技术并没有充分发挥出作用。政策的提出必然会引导制度的创新，各地方政府都已深刻认识到了智慧社区治理建设的必要性和重要性，相关部门开始对智慧社区的概念、内涵和结构进行深入研究并积极采取适当措施加快社区智能化、电子化建设速度。

（一）完善治理机制，加快社区建设

智慧社区作为一种新的社区治理理念，能够基本满足政府、企业和居民在社区工作和生活的各种需求，引起了我国各级政府部门的关注。通过分析国务院提出的意见指南，各个地方政府部门联系实际情况，因地制宜，提出了具有自身特色的社区创新方针，致力于建设发展智慧社区。这些举措大大刺激了智慧社区在中国各大城市的发展，掀起了一股创新创造的潮流，智慧社区的建设初步取得了良好的成果。

此外，在日常工作中，各级政府部门作为服务部门，要明确责任分工，加强业务管理指导的专业化，加快平台反馈的修改和升级；城乡社区应明确职责范围，区分服务管理的权限和类别，理顺各社区工作站的职责。上级部门有责任按时监督和检查各基层部门的工作情况，使基层社区自治能够符合规范化、制度化的要求。

（二）树立多元治理理念，提高民众认知

"互联网+"对大部分人来说已不陌生，科学技术的发展是一个不可逆转的趋势，在这种情况下，我们每一个生活在这个时代的人都应该主动去了解和认识新事物，跟上改革创新的步伐，更新自己的头脑与思想。

对于政府来说，也是同样的道理。智慧社区作为全体社会工作者尤其是社区管理者的共识，是国家政府建设智慧城市总体规划中的基础和重中之重。智慧系统作为社会信息传播媒介的一种，不仅仅是一个交流平台，更是社区社会服务管理的重要手段。各级政府部门应真正将智慧系统作为反映社区内部民众舆情和社会利益团体诉求的信息集散中心，以平等的姿态积极参与智慧系统，尊重我国互联网信息空间的社会发展自然规律和社会话语平台体系，同时对各类型的互联网信息技术持积极开放的态度并大胆推广运用，探寻"互联网+"时代背景下我国社区治理的新发展路径与新方法。与此同时，我们也应该避免神化这一概念，认识到互联网只是提供了一种全新的思维方式和技术手段，但这并不是万能的，甚至带来了新的问题和挑战，其应用的有效性最终仍取决于执行者的理解水平和能力。

社区治理的最大特点就是主体的多元化、决策的民主化和政策的合作化。当然，政府部门仍是主导智慧社区治理工作模式的重要政治力量。但我们需要正确认识到，随着科学技术的发展以及治理理念的更新，政府部门更需要摒弃以往的社区治理观念，改变对于社区居民、社会非政府组织、企业、基层自治组织等社会力量的轻视和偏见，充分认识到这些组织在众多政府管理部门管不到也管不

好的领域中的强大力量，提高这些组织中成员的认知水平以及协作能力，主动开放参与渠道，使其参与到社区治理的活动中去。政府应主动下放部分管理权给这些"多主体"，通过研究制定和贯彻实施相应的规则，帮助他们更好地履行职责，一起成为智慧社区建设中的重要伙伴。

（三）加强监督管理，保障信息安全

信息安全作为一个重要的问题，一直是专家研究的中心。"互联网+社区"概念的最大优点就是信息的快速调用，因此其弱点也同样在于信息。不同实体之间的资源共享、社区居民之间的信息共享以及与其他社会组织合作所产生的数据交流，都与信息密切相关。与其他资源不同，信息只能用于创造价值，但一旦创造价值，其安全性就不可避免地会受到损害。

因此，在信息安全领域开展良好的工作对于建立智慧社区是极为重要的。一方面，管理者应当建立健全基础设施建设，加强信息安全防御，维护和更新硬件和软件设施，在技术层面保障信息资源安全，同时要建立完善的数据共享体系，构建部门间的信息共享交换平台；另一方面，政府需要严格制定管理标准，加强对社区信息网络用户的监督管理，以尽可能避免信息资源的泄露和滥用，确保智慧社区管理能力的有效应用。

在政府内部，作为公共服务的提供者，本身就存在着私人利益以及组织整体的公共利益之间的矛盾。作为人民民主专政的社会主义国家，我们更应当吸取国外优秀的经验，将服务置于民主政治的框架中运行，通过各项制衡机制保障信息安全，防止"有心人"利用手中的权力去牟取私利，损害社会公众利益。

（四）推动平台整合，贴合民众需求

由于信息传播渠道和交流执行能力的限制，顶层设计与实际操作之间必然会存在一定的偏差。为加快整合智慧社区多服务平台系统，推动完善其建设与新的治理模式的吻合程度，社区管理者需要抓住机遇，在国家的宏观领导下，改变传统的社区治理模式，积极提高自身的执行能力和实施水平，根据地方实际情况大力推动信息化、智能化、互动协同的智慧社区治理建设路径探索。同时，为了更好地给社区居民提供公共服务，提高民生指数，相关部门应配合智慧社区治理理念，构建有效的社区服务平台，提升智慧社区服务平台整合能力，探索"互联网+社区"治理的新模式。

第八章　社会工作参与社区治理的路径

调查发现，在智慧平台实际运行中，有些社区居民的参与程度并不是很高，很少有社区居民有使用意愿，所谓培训也只是政府单方面的输出，而不是社区居民自愿参与，其效果和回报率偏低。这实际上未能落实政府"搞好我国智慧城市宜居生态社区公共基础设施建设工作就是为了惠民，搞好就业就是利民"的这一项根本政策的初衷。因此，在深入建设我国智慧社区的各项公共基础设施项目的实施管理过程中，我们首先应该充分考虑建设智慧社区相关利益主体的不同想法，通过问卷调查、座谈会、实地考察、现场调研等多种互动方式深入调查和分析了解社区全体居民的实际生活需求，广泛征求多方意见，使智慧社区的建设更贴合社区居民的多样化需求。

参考文献

[1] 郑杭生. 社会学概论新修[M]. 5版. 北京：中国人民大学出版社，2019.

[2] 夏建中，克拉克. 社区社会组织发展模式研究：中国与全球经验分析[M]. 北京：中国社会出版社，2011.

[3] 袁光亮. 社区社会工作人才培养研究[M]. 北京：北京理工大学出版社，2012.

[4] 费孝通. 乡土中国（修订本）[M]. 上海：上海人民出版社，2013.

[5] 顾东辉. 社会工作概论[M]. 2版. 上海：复旦大学出版社，2020.

[6] 徐月宾，郭名倞. 老年社会工作实务[M]. 北京：中国社会出版社，2015.

[7] 安秋玲. 老年社会工作实务研究[M]. 上海：华东理工大学出版社，2015.

[8] 姚云云，李精华，周晓焱. 社会工作基础理论与实务[M]. 哈尔滨：哈尔滨工程大学出版社，2016.

[9] 刘蔚玮，曹国慧. 妇女社会工作案例评析[M]. 北京：中国社会出版社，2017.

[10] 郝素玉. 社会救助社会工作案例评析[M]. 北京：中国社会出版社，2017.

[11] 杨柳. 社会工作专业的适当性研究[M]. 长春：吉林人民出版社，2017.

[12] 范明林，马丹丹. 老化与挑战：老年社会工作案例研究[M]. 上海：华东理工大学出版社，2018.

[13] 黄慧，赵方方. 当代社会工作理论与实务探究[M]. 北京：中国书籍出版社，2018.

[14] 赵环. 社会工作与社会创新[M]. 上海：华东理工大学出版社，2018.

[15] 张洪英. 社会工作督导理论与方法[M]. 北京：中国社会出版社，2019.

[16] 黄川栗. 社区社会工作的体系构建与社区治理研究[M]. 北京：中国商业出版社，2019.

[17] 朱艳，郭文佳. 社会工作的理论发展与专业实践探究[M]. 北京：新华出版社，2021.

[18] 郭敏慧. 社会工作实务中主要困境及抉择探究［M］. 长春：吉林人民出版社，2019.

[19] 李棉管，王皎，陆雪玉. 社会工作职业化与发展型社会工作建构［M］. 广州：中山大学出版社，2020.

[20] 原珂. 城市社区治理理论与实践［M］. 北京：中国建筑工业出版社，2020.

[21] 周锦懿. 农村社会工作发展战略与途径［M］. 哈尔滨：黑龙江科学技术出版社，2021.

[22] 李细香. 新时代社会工作参与社区治理的理论与实践［M］. 北京：北京工业大学出版社，2020.

[23] 刘斌志. 社会工作专业核心能力概论［M］. 北京：中国社会出版社，2020.

[24] 张菊枝. 社会工作助力社区治理能力建设：基于北京市的实践［M］. 北京：中国社会出版社，2021.

[25] 包先康. 社会工作介入农村社区"微治理"研究［J］. 社会科学辑刊，2021（6）：51-59.

[26] 林淼. 社会工作参与社区居家养老服务的困境与策略［J］. 湖北开放职业学院学报，2021，34（21）：129-131.

[27] 焦若水. 社会保护：乡村振兴中社会工作的价值与使命［J］. 探索，2021（6）：48-57.

[28] 杨宇. 社会工作介入农村治理的路径探析［J］. 山西农经，2021（20）：28-29.

[29] 郭昊. 新时代社会工作人才队伍建设情况浅析［J］. 就业与保障，2021（20）：131-132.

[30] 张凌峰. 社会工作实务中的伦理困境与伦理抉择［J］. 国际公关，2021（10）：31-33.

[31] 蔡屹. 青年工作与青少年社会工作关系研究［J］. 中国社会工作，2021（28）：41-44.

[32] 张丽芬. 从社会认同度看社会工作职业化的制度建设［J］. 社会科学文摘，2021（9）：58-60.

[33] 乔佳鑫. 社会治理结构的进化与社会工作服务型治理探讨［J］. 公关世界，2021（18）：96-97.

[34] 王贤芬. 社会公共危机治理中的社会工作介入研究［J］. 就业与保障，2021（17）：56-57.